ブックレット《アジアを学ぼう》別巻⑫

ブラジル民主主義の挑戦

参加型制度の実践と社会変容

佐藤祐子

風響社

ブラジル民主主義の挑戦——参加型制度の実践と社会変容

佐藤祐子

はじめに

ブラジルにおいてサッカー・ワールドカップが開催された二〇一四年、華やかなワールドカップの演出の裏側で起こった大衆による抗議行動が、マスコミを通じて大きく報じられた。なぜ、代表制民主主義が導入された新興民主主義国において、その制度を介さない、抗議行動というより直接的な政治参加が起こるのだろうか。逆に、どうすれば市民の「声」を政治過程に反映させることができるのだろうか。

一九七〇年代後半以降、民主化の「第三の波」と言われる現象がヨーロッパ、アジア、ラテンアメリカ諸国の間で波及し、多くの「新興民主主義国」と呼ばれる国家が誕生した［Huntington 1991］。民主主義制度の導入は、全ての国民に平等な政治参加の機会を与え、選挙によって選ばれた国民の代表である政治家は政党を通じて利益集約の役割を果たす。さらに、政府による公約の実現により、国民の意思や要望が政策へと反映されることが期待される。民主主義の根幹は、このような国民の間接的な政治参加を可能とする参政権と、政策による恩恵を全ての国民に平等に保障する社会権によって成り立っているのである。しかしながら、このような利益代表の仕組みは様々な要因によって阻害される可能性がある。特に新興民主主義国の多くは、国内の社会構造に非常に大きな格差を抱えることから、富裕層が政策形成の場を占有し、大多数を占める貧困層が代表制制度の枠組みから排除されてきた。短期間に民主主義体制へと移行した多くの新興民主主義国は、導入された制度が十分な効果をもたらさない、「民主主義の質」に関する様々な問題を抱えていると言われてきたのである。

ラテンアメリカは世界各国の中でも最も貧富の格差が大きい地域と位置付けられる。さらに、一九七〇年代から八〇年代にかけて民政移管が行われたラテンアメリカの多くの国家は、メキシコ金融危機を発端に起こった累積債務危機により、国際通貨基金（International Monetary Found、以下ＩＭＦ）が融資の条件として課した新自由主義にもとづく構造調整を受け入れると、政治経済状況を大きく変化させることとなった。関税の削減や公共事業の民営化、それに伴う企業間競争の激化によって、国家の社会保障に包括されないインフォーマルセクターが増加するとともに、それまで政党と強い繋がりを持っていた公営企業の労働者組合が解散すると、多くの労働者が政治的繋がりを失い、社会は「原子化」したと言われる［Roberts 2002］。ラテンアメリカ諸国では、このような社会の原子化によって孤立・貧困化したインフォーマルセクターを支持層に取り込む、政党基盤を持たない大衆派リーダー、ネオ・ポピュリストが支持を獲得し、「代表制の危機」と呼ばれる状況を引き起こした(1)［Mainwaring 2006］。

一方、同時期に民政移管が行われたブラジルでは民主化後、社会運動を支持基盤として持つ労働者党（Partido dos Trabalhadores: ＰＴ）によって、このような代表制民主主義制度の非対称性を改善させる取り組みが行われてきた。その中で重要な役割を果たした政策の一つが、貧困層をはじめとする市民を政策決定のプロセスへ直接参加させることを目的とした「参加型制度」と言われる制度の発展である。

本書は、ブラジルで先駆的に導入された参加型制度の試みを再考し、近年ブラジルにおいて国策として拡大された参加型制度である国家政策審議会の比較事例検証を行うことを通して、この制度が代表制民主主義制度を補完する仕組みを明らかにする。同時に、参加型制度の持続を通して国民の声が政策決定に十分に反映される要因、及び市民社会の役割を明らかにすることを試みる。

本書の構成は次のとおりである。(2)

まず、第一節ではブラジルと参加型制度の現代史を概説する。次に第二節で第一節において概観したブラジルにおける格差問題が発生する構造を、民主主義の定着における問題から説明する。その後、この問題構造を補完する役割を果たす参加型制度について、その発展と効果を示し、近年ブラジルで新たに試みられている国家レベルの参加型制度について制度デザインを概説する。同時に、実際に審議の場に参加し参与観察を行った筆者の視点から、本書における問いを明示する。第三節では第二節で示した問いに答えるため、参加型制度をめぐる理論的背景を整理し、仮説を提示する。第四節では、近年ブラジルにおいて拡大された国家レベルの参加型制度である国家都市審議会及び国家環境審議会の二つの事例を用いて事例検証を行う。ここで背景の似通った類似例を比較することを通し、市民社会によって生み出される社会的圧力が参加型制度の実効性を持続させることを示す。

一　ブラジル社会と参加型制度

1　ブラジルにおける社会格差と発展

ブラジルは、国内総生産では非常に高い数値を示す豊かな国でありながら、国内における所得格差は世界で最も大きい国の一つである。世界銀行における二〇一四年国内総生産ランキングにおいて、ブラジルは世界八位と高中所得国のカテゴリーに属する。(3) 一方で、国内における所得格差を測るジニ係数においては同じく世界銀行の指標で〇・五二と、改善傾向が見られる現在においても、非常に大きな格差構造を持つのである。その内訳は、所得の高い一〇%の人口が国内資産の四一・八%を占める一方で、所得の低い一〇%の人口が国内資産の一%を分かち合っている。[4]

このような社会的格差が構築された背景は歴史的に見ることができる。[5]一八八二年にポルトガルから独立したブラジルは一九世紀後半までヨーロッパ系移民である大土地所有者の営むプランテーションとそこで働く黒人奴隷によって、国家経済が支えられてきた。この構造は、一八八八年に奴隷制が廃止された後も大土地所有者と零細農民、小作農、土地なし農民からなる二重構造として残り、現在にも続く固定的な経済的・社会的格差を生み出してきたのである［田村 二〇〇四：一四一］。

ブラジルにおいて、近代的な民主主義制度の基礎が築かれたのは、労働者層を中心とする中間層に支持されたポピュリスト、ジェトゥリオ・ドルネレス・ヴァルガス（Getulio Dornelles Vargas、以下ヴァルガス）政権によって「新国家体制（Estado Novo）」と呼ばれる新しい政治体制が築かれた一九三〇年以降である。この中で、正規労働者を対象とした社会保障制度の設立や、女性の参政権を含む選挙制度が確立されたことにより、連邦政府を中心とした近代国家の建設が進められた。このような近代国家の制度によって、国民の普遍的権利は広範囲にわたり保証されるようになったと言える。

しかしながら、過度な開発主義にもとづいたポピュリスト政権は、財政悪化とインフレーションを引き起こし、次第に大衆の支持を失うこととなった。この機に乗じて左派政党が台頭するようになると、冷戦構造下における左傾化を恐れた軍部が一九六四年、治安回復という名目でクーデターを起こし、軍事政権が誕生したのである。軍部は国民の言論や政治参加の自由を制限し、さらに新政党の結成を禁止して官製の二大政党による権力維持を図った。軍事政権の牽引によって推し進められた、政府の保護下において工業化を進める輸入代替型工業化政策は、一方で「ブラジルの奇跡」と呼ばれる高度経済成長を実現したものの、他方で階層間の社会的格差を増大させた。大規模農業開発の加速が小規模農業従事者の貧窮化を招き、貧困層の都市部への移動を引き起こしたからである［田村 二〇〇四：一四二］。

さらに、一九八〇年代にはメキシコ金融危機に端を発する累積債務危機が波及し、経済危機が深刻になった。ラテンアメリカ諸国で広がった経済危機によって輸入代替工業化政策の脆弱性が浮き彫りとなると、ブラジル政府はＩＭＦを中心とする国際開発機関が提案する構造調整プログラムを受け入れることを余儀なくされた。一九八〇年代後半以降、政府はワシントン・コンセンサスにもとづく新自由主義路線の経済改革を実施し、関税の自由化や国営企業の民営化が進められたのである。これにより企業間競争が高まり、各企業において失業者及び非正規雇用のインフォーマルセクターが増大した。このような変化に対して、国家によるセーフティネットである社会保障政策は正規雇用を通じて施行される制度であったため、インフォーマルセクターである多くの貧困層に届くものではなかった［Huber 2009］。

一方、一九八五年、経済的な苦境から正当性を失った軍事政権は、文民政権へと民政移管した。この結果民主化が達成されると、それまで権威体制下において抑圧されてきた国民の大多数を占める貧困層の政治的要求が噴出し、資本の再分配を求める政治的圧力が上昇したのである。このような社会的・政治的背景から、一九九〇年代後半以降、ブラジルの国家政策における優先的な課題として貧困層の社会的包摂が認識されるようになったと言える。

同時期、民主化に伴う政党法改正による政党結成の自由化を受け、ブラジル都市部において民主化運動を率いた、労働運動をはじめとする社会運動を支持基盤とした労働者党が、地方自治体において台頭した。地方自治体レベルで政権を獲得した労働者党のリーダーたちは、地方自治体が市民社会と協同で社会政策を担う参加型政策を打ち出したのである。このプログラムの一つとして労働者党政権によって導入され、その成功から世界的に脚光を浴びた、リオグランデ・ド・スル州ポルトアレグレ市における参加型予算（Participatory Budgeting）がある。

一九九五年、ブラジル社会民主党（Partido da Social Democracia Brasileira: ＰＳＤＢ）のフェルナンド・エンリケ・カルドーゾ（Fernando Henrique Cardoso、以下カルドーゾ）が大統領として就任すると、国政レベルにおける大規模な社会政策プログラムが導入されるようになった。この中には、貧困削減や所得移転を目的とした児童労働撲滅計画（ＰＥＴＩ）、教育給付金（Bolsa Escola）、食事給付金（Bola Alimentaçao）等が含まれる。さらに二〇〇三年、ブラジル史上初めて労働者階級出身であるルイス・イナシオ・ルーラ・ダ・シルヴァ（Luiz Inácio Lula da Silva、以下ルーラ）が大統領選挙で勝利し、労働者党政権が誕生した。ルーラ政権はカルドーゾ政権の政策方針を踏襲した上で、社会政策分野において「飢餓ゼロ（Fome Zero）政策」を公約として掲げ、諸制度の整理・拡大を推進した。二〇〇四年には社会開発省を設立し、諸プログラムを「ボルサ・ファミリア（Bolsa Família）」と呼ばれる条件付き給付金制度に統合し、貧困層への所得移転、及びこれらの貧困家庭の教育・健康における底上げを目的とした大規模な社会政策を打ち出したのである［浜口 二〇〇七］。これらの社会政策は続くジルマ・ヴァナ・ルセフ（Dilma Vana Rousseff、以下ルセフ）大統領へと引き継がれた[6]。他方、地方自治体レベルで普及が進んだ市民の直接的な政治参加を促す参加型制度は、労働者党政権確立後、国策レベルで拡大が進められた。

以上に概観したように、長年にわたり社会的格差を抱え続けてきたブラジルでは、近年、社会保障政策の拡大と参加型制度の普及により、貧困層の社会的包摂を推進する取り組みが進められてきた。特に二〇〇三年に労働者党出身のルーラ大統領が政権につくと、国政レベルにおいてこれらの政策は拡大されることとなった。このようなブラジルにおける他に類を見ない試みは、ブラジル社会に根強く存在する社会格差構造の改善に寄与したと言える。本書ではこの中でも、参加型制度について焦点を当てその効果を明らかにすることを試みる。

2　参加型制度

前項で概観したように、参加型制度はブラジルにおける貧困層の社会的包摂に重要な役割を果たしてきたと言える。本書では、この参加型制度をブラジルにおいて発展した「政策決定の過程に市民を直接参加させる制度」と定義づける。参加型制度は国内外から注目を集める中で、途上国における開発の文脈においても、広くその効果が認められてきた。本項では、参加型手法の位置づけが、どのような理論的背景のもと発展してきたのか整理することから、ブラジルにおける参加型制度の意義を再考することを試みたい。

参加型手法は当初、一九五〇年代から始まる国際開発援助機関よるコミュニティ開発の手法として用いられてきた。第二次世界大戦後の復興期、東西冷戦構造下において、途上国における経済開発戦略は先進国各国において重要な位置を占め、一九五〇年代から一九六〇年代にかけて政府主導の開発が活発に行われた。その中で農村開発プログラムの効率化の手段として、住民参加型の道路建設、農業技術普及などの手段が用いられるようになったのである。さらに、一九七〇年代以降、国連が宣言や決議において「大衆参加（Popular Participation）」という用語を用いて、「排除されている人々」の意思決定プロセスへの参加機会の増加を強調したことから、開発援助機関や国際NGOにおいて参加型開発の概念が広く浸透することとなった(7)［坂田　二〇〇三：四〇］。

このような参加型手法の主流化に伴い、一九八〇年代以降、多様な議論が行われるようになった。この中で、NGOはアドボガシー活動や住民組織の形成を視野に入れて活動し始めるようになり、その中で住民へのエンパワーメントを重要視する主張が出現したのである。この中でも、主体的参加型農村調査法（Participatory Rural Appraisal）や参加型学習と行動（Participatory Learning and Action）といった、より洗練された参加型手法を調査手法として定着させたロバート・チェンバースは、むしろ開発におけるパラダイムの変化をもたらした［Chambers 1997］。従来の開発がトップダウンかつ中央集権的で、そのアウトプットをインフラ整備などのモノの価値で測っていたことに対して、新たな「人のパラダイム」、つまりボトムアップで分権的、そしてアウトプットとして能力や関係性といった社会的価値に基準を置く考え方をもたらしたのである。このような主張は、参加型の手法という捉え方に、地域住民をエンパワーメントするという目的が付与されたという意味で大きな転換点であったと考えられる。

このような開発の現場における住民参加に、政治参加の視点が加わったのは、先進諸国におけるパラダイム変化の影響が関連している。第二次世界大戦後、高度経済成長が頂点に達したころから、先進諸国社会において様々な変化が現われるようになった。アメリカの政治学者ロナルド・イングルハートが『静かなる革命』において示した「脱物質的価値観」の出現に見られるように、経済成長の結果もたらされた物質的充足とその反面として現われた限界が環境問題や急速な人口増加等によって顕著になる中で、人々の価値観が知的満足や美的満足と結び付いた自己実現欲求へと移行した［Inglehart 1977］。このような価値観の変遷は、一九六〇年代以降欧米諸国において活発となった新しい権利を主張する「新しい社会運動」として現れたのである。さらに一九七〇年代頃からは、この自己実現派の市民による参加民主主義、直接民主主義の運動が顕著となった。このような運動が可能となった背景には、社会的発展の中で市民の比重が増大したことにより、自己実現派の市民による発言権が増したことがある。これらの運動に牽引され、エリート間の競争を主とする代議制民主主義に対する修正の試みが進められた［篠原　二〇〇四］。

一方、二〇世紀以降の近代的国家において支配的であった、福祉国家による強い行政を基盤としたレジームは石油ショックとともに限界を迎え、それに代わるレジームとして、保守派による新自由主義、社会民主主義派による「第三の道」という政治運動が展開されるようになった。この中で共有された理念として、強大化した政治的権力を分権化し、地方自治体に権力を移譲する地方分権化の潮流が顕著となったのである。同時に、その分権化された場においても市民の自治を認め、自治体において不可能なことは上位の組織が補完する「自立補完」の原則が認められるようになった［篠原　二〇〇四：三二五］。

ここで市民による運動と地方自治体における市民参加を繋ぐ理論的根拠となったのが、ネットワーク・信頼関係・規範・ルール等の、アクターの行動を促進する資源としての社会関係資本という考え方である［Coleman 1988: 100-101］。特にアメリカの政治学者ロバート・パットナムが、地域経済と地方行政のパフォーマンスの差異を社会関係資本の多寡によるものであると実証すると、上記の地方分権化の潮流の中で、世界的な注目を集めた［Putnum 1994］。さらにパットナムは、中間的結社としての社会関係資本を活発な民主主義を維持するための基礎であるとし、参加民主主義に貢献するものとして位置づける。その効果は、政府に対して自分の利害や要求を表明し、政治的指導者による権力の乱用から自らを守ることを可能とする「外部」効果と、市民団体や市民ネットワークが、そのメンバーに対して公共生活への参加に必要な実践的スキルや協力習慣を染み込ませていくといった参加者自身に対する「内部」効果であると指摘している。これにより社会関係資本が多く存在するほど、民主的制度のパフォーマンスは上昇すると結論づけるのである。このような理論的根拠にもとづき、分権化された地方自治体の運営において、自発的な政治参加を求めた市民団体による補完的役割が期待されるようになった。

以上の先進国における社会的変化は、二〇世紀以降、グローバリゼーションの急激な拡大に伴う国家の役割の変容と、国際組織やＮＧＯの台頭、国境を超えた市民運動の高まりに牽引され、地域を超えて浸透した。さらに一九八〇年代後半、このようなグローバル規模の社会変容は、国際的な開発の潮流において「グッド・ガバナンス」と呼ばれる政府のアカウンタビリティの向上、政治環境や制度の能力向上を目指す開発戦略の高まりをもたらした。その中で市民がアクターとして参加することによって、政府への監視機能を果たすとともに、市民の意見を反映し、政策運営の効率化を図る「参加型手法」が重要な位置を占めるようになったのである。このような背景を受け、近年では参加民主主義という理論と手法的な「参加型」を結びつける取り組みが行われている［ガベンダ　二〇〇八］。この一例が、ガバナンスに特化した「参加型ガバナンス」である。

一九八九年にブラジル南部リオグランデ・ド・スル州ポルトアレグレ市で始まった参加型予算は、このような世界的潮流の中で参加型ガバナンスの成功例として大きな注目を浴びた。社会運動を支持基盤に持つ労働者党の市長が、市の予算編成のプロセスにおいて、低学歴者、女性、低所得者、黒人等の社会的弱者を含む市民の直接参加によってその配分を決めるという漸進的な政策を打ち出したからである。この政策は予算作成過程の透明性を高め、社会的インフラの整備という形で成果を残し、政府と市民社会が協同して優れたグッド・ガバナンスを実現した例として高い評価を得た。これにより、ブラジルの例をモデルとした参加型制度は、他のラテンアメリカ諸国、アジア、アフリカ、ヨーロッパ諸国においても用いられるようになったのである。

本書では、以上のような多様な側面を持つ参加型制度の中でも、参加型制度と代表制民主主義制度の関係性に焦点をしぼり、その効果について考察を試みる。参加型制度の普及が進んでより三〇年近く経過した現在、改めて制度の効果とその持続可能性について再考することが課題であると考えられる。そこで、本書の中心となる問いを「どのような要因によって、実効性の高い参加型制度を維持することが可能か?」と設定し、制度の時間的変遷とその効果を維持する要因について探る。本書では、参加型制度の中でも近年ブラジルにおいて拡大されている国家レベルの参加型制度である国家政策審議会の事例を比較検証し、市民社会が生み出す社会的圧力が参加型制度の実効性を持続させることを示す。

二　ブラジルにおける民主主義の課題と参加型制度の実践

多くの新興民主主義国は、共通の課題として深刻な社会的格差の問題を抱える。このような社会的格差は、国民の平等な政治参加の機会を保証せず、代表の非対称性という問題を引き起こし、格差を固定化させる負の循環をもたらしてきた。ラテンアメリカの新興民主主義国の一つであるブラジルでは、植民地時代の権威を背景に持つ主従関係であるクライアンテリズムによる政治文化によって、選挙を通じた利益代表が阻害されてきたのである。しかし近年、参加型制度によって生まれた新しい政治参加のプロセスは、参加民主主義を実現することによってこのような代表制制度の問題を補完してきたと言われる。本節では、ブラジルにおける代表制民主主義制度の問題構造と、それを補完する参加型制度の役割について考えていく。

1　民主主義の質と市民社会

ブラジルは一九八五年に軍事政権から民政移管した新興民主主義国の一つである。民主主義制度の導入を定めた一九八八年憲法が発効されると、自由競争による選挙、複数政党制を含む民主主義政治制度の基盤が確立された。これらの代表制制度の導入は、政治過程の民主性を高めるものと期待された。しかし実際には、制度的変化によって権威主義体制下に抑制されてきたクライアンテリズムの政治文化を復活させる結果をもたらしたと言われる。

バリー・エイムスは、州を選挙区とする非拘束名簿式比例代表制選挙制度に基づく選挙キャンペーンによって、クライアンテリズム、つまりその地方の有力者と候補者の関係が再度強化されるようになったと説明する［Ames 2001］。これは、非拘束名簿式選挙制度において、政党は当選順位を確定する名簿を策定せず、得票数の多い順から政党の議席が候補者へと分配されるため、選挙が個人投票になりやすいためである。地方有力者の支持によって当選した議員は、公共の利益よりも個人的関係にもとづく利益誘導を優先させ、政治的利益の公平な配分が阻害されるようになる。このため、政党は市民による利益集約を行い、政策運営を向上させるという本来の役割を果たさず、むしろ政治家が個人的な利益を得るための傘として働くようになった。一方、このような個人的関係から阻害された貧困層は、政策による恩恵を受けることができず、貧困が世代を超えて継続する負の連鎖をもたらしたのである。

さらに、このような候補者と地方有力者の個人的利益の交換にもとづくブラジルの政党制度は、政党が政治的理念を共有しないため小党が乱立し、有効な政策決定を阻害する要因となった［Mainwaring 1997］。このように、民主主義制度を通して効果的な政策を打ち出すことができない状態はブラジルにおける民主主義の「行き詰まり」と呼ばれる［Ames 2001］。

さらに、一九八〇年代後半、メキシコで始まった金融危機が波及すると、政府は経済政策の立て直しのため新自由主義構造改革を実施した。この結果ブラジル経済は一時的に回復するものの、経済競争の高まりは社会保障に包括されないインフォーマルセクターを増加させ、格差を拡大させるとともに、社会を大きく不安定化させた［Huber 2009］。ブラジル社会は一方で代表制制度に問題を持ち、他方で深刻な格差を抱えた非常に脆弱なものへと陥ったのである。

このような民主主義の質の問題は、どのように理解し、改善していくことができるのだろうか。民主主義の定着について理論化を行ったギレルモ・オドネルは、政府の「アカウンタビリティ」という概念を用いて、権威主義から民主化した後の、民主主義の定着における問題点を理解する理論的枠組みを提示している［O'Donnell 1996, 1998］。オドネルは政治的アカウンタビリティを、「水平的アカウンタビリティ」と「垂直的アカウンタビリティ」に分けて定義を行っている。水平的アカウンタビリティは、公的な政治制度である司法府・行政府・立法府のそれぞれの権力間に存在する抑制と均衡を指す。他方、政府と市民の間に成り立つ関係を垂直的アカウンタビリティと定義し、選挙によって高められる関係性とする。これらの政治的アカウンタビリティを高めることによって、政府は国民によって課された代表者としての責任を果たし、民主主義体制は期待された効果をもたらすことができるのである。

一方、エンリケ・プレゾッティとカタリーナ・スモルヴィッツはこれらの定義に加え、垂直的アカウンタビリティの中に、選挙以外の市民の政治参加によって促進されるアカウンタビリティの存在を指摘し、それを「社会的アカウンタビリティ」と定義付けている［Peruzzotti and Smulovitz 2006］。社会的アカウンタビリティは、市民社会の監視による政府の社会的コントロールの役割を果たすのである。ここで市民社会とはラリー・ダイアモンドの定義に従うと、「国家から独立し、組織化された社会生活の領域」と説明することができる［Diamond 1999: 221］。つまりこれらの活動は、市民社会アクターである社会運動、ＮＧＯ、マスメディア等の非政府主体によって担われるのである。

このような理論的枠組みに従ってラテンアメリカにおける構造的問題を考察すると、選挙制度におけるクライアンテリズムの問題は、地方有力者と選挙候補者による個人的な結びつきに則った選挙キャンペーンを展開することによって、多くの国民が選挙による利益代表の仕組みから疎外され、政治的利益を得ることができないことであると説明できる。この結果、ブラジルにおける民主主義制度は、選挙を通した垂直的アカウンタビリティをもたらすことに失敗しているのである。このため、民主化によって民主主義制度は導入されたものの、選挙制度は平等な政治参加の機会を国民にもたらさず、政党は国民の利益集約機能として働かないため、政府は国民に対するアカウンタビリティを果たさない。このような体制は自由民主主義と区別され、「部分的民主主義」と呼ばれるのである［グリューゲル　二〇〇六］。

一方、市民社会の代表によって構成された制度の導入によってもたらされる社会的アカウンタビリティは、選挙以外の政治参加の枠組みを設けることにより、垂直的アカウンタビリティを補強することができる。このため、陪審員制度、オンブズマン、市民評議会、そして参加型制度等に代表される選挙制度以外の市民の政治参加を促す制度は、政治的アカウンタビリティの低い新興民主主義国において、民主主義の深化を促す重要な役割を果たすと考えられるのである。この意味において、市民社会は民主主義制度を強化する役割を持つと言える。

しかしながら、新興民主主義国における市民社会は、常に国家から独立した存在ではない。例えばラテンアメリカにおける民主化は、市民社会に二つの相反する特徴をもたらしたとされる［Hochstetler 2012］。第一に、公共サービスの担い手として政府の補完的役割を果たす、専門機関としてのNGOとしての側面がある。このような市民社会は、政府によって決定された政策を実行する機能的な役割のみを果たすため、政府から独立した存在とは言えないのである。このため、市民参加を促進させる制度が導入されても、このような国家に従属的な市民社会の政治参加は政府への監視機能として働かないため、社会的アカウンタビリティの強化に繋がらない。他方でこれら新興民主主義国には、民主化によってもたらされた政治的機会の変化に伴って出現した、政府や政策に対する強い抗議行動を起こす社会運動としての市民社会の側面も存在する。このような政府から独立した市民社会は、制度を通して社会的アカウンタビリティを向上させる働きを担えると考えられる。つまり、社会的アカウンタビリティが働くためには、前提として、独立した市民社会という特徴を備えている必要があるのである。

ラテンアメリカにおいて、上記のような相反する特徴が同時に存在する背景には、市民社会の形成過程が関係している。ラテンアメリカにおける市民社会の発展は、西欧諸国のような、近代化によって社会構造が変化し、それに伴い市民による下からの改革によって社会権、参政権を獲得してきた発展の過程とは大きく異なる。ラテンアメリカの市民組織は、ポピュリスト政権下における利益媒介の仕組みとして、トップダウンの動員によって発展してきたという経緯を持ち、それ故に政府の権威に対する脆弱性が残るのである。このことから、民主化によって市民の権利が認められるようになった後においても、「統制された（Controlled）」市民社会と称される特徴が維持されている［Oxhorn 2003］。このような、相反する市民社会の特徴は、異なった政治的帰結をもたらす可能性がある。「統制された」市民社会は、政府を監視し社会的アカウンタビリティを高めるという役割を果たさないからである。このことから本書では、次項で詳しく説明する参加型制度を事例として取り上げて検証することを通して、制度を通して社会的アカウンタビリティが高められる条件を明らかにすることを試みる。

2　ブラジルにおける参加型制度の発展

ブラジルは軍事政権から民政移管した新興民主主義国の中でも、異なった軌道を描いていると考えられる。ブラジルの社会は、参加型制度の導入、発展によって社会的アカウンタビリティを高め、代表制民主主義制度における問題を補完することに成功したと考えられるからである。本項では、ブラジルにおける参加型制度の発展の経緯を概観するとともに、前項で概観したブラジルの構造的問題を、参加型制度がどのように変化させたかを明らかにする。

参加型制度は、一九八〇年代後半、労働者党の台頭と連動して発展した。この背景には、民主化による制度改革がもたらした地方分権化と政党結成の自由化による効果がある。民主化に伴って制定された一九八八年憲法は、権威主義体制下において中央集権化された政府の権限を、予算決定や社会サービスの提供における権限を地方政府に委譲することによって分権化することを進めた。この地方分権化のプロセスにおいて、地方政府は政治決定、実施のプロセスに大きな決定権を持つようになったのである。さらに、選挙改革によって多党制が奨励されるようになると、社会運動を支持基盤に持った労働者党の台頭が可能となった。労働者党は、軍事政権下において官制の労働党と分離して発展した、草の根の運動による政党である。民主化によって市民の政治参加が拡大すると、政策決定における「優先順位を逆転させる（inversão de propridades）」ことにより、特権階級に占有されてきた政治的資源を大衆に分配することを目標として掲げた労働者党は、国内において圧倒的多数を占める貧困層から支持を獲得したのである。この目標を政策として実現するために考案されたのが、それまで政治的決定プロセスから排除されてきた貧困層の政治参加を促す新しいガバナンス・システムである、参加型政策である。労働者党は市民の政治参加のプロセスを通じて、市民社会との繋がりを強化し、労働者党の支持基盤層の政治参加を刺激するとともに、貧困層への利益分配の促進、民主的政治文化の実現、クライアンテリズムに代わる資源分配の仕組みを構築する等、広範な目標を実現することを目的とした［Hunter 2010: 85］。

この参加型政策の成功例として最も有名な例は、一九八九年にブラジル南部のリオグランデ・ド・スル州ポルトアレグレ市において先駆的に導入された参加型予算制度である。この時、参加型予算の導入、制度化のリーダーシップを取ったのは、労働者党出身のオリヴィオ・ドゥトラ（Olivio Dutra、以下ドゥトラ）市長であった。リオグランデ・ド・スル州の州都であるポルトアレグレ市は、ブラジルの中でも古くから栄える工業地帯である。ポルトアレグレ市では、他のブラジルの大都市と同じように農村からの人口流入によって周辺部にファベーラ（Favela）と呼ばれる貧困者居住地域を抱え、それらの地域ではインフラの整備の遅れや環境汚染、劣悪な居住環境といった様々な社会問題を引き起こしていた［Abers 2000: 35-37］。ポルトアレグレ市では一九三〇年代以降、寡頭層に支持された社会民主党（Partido Social Democrata: ＰＳＤ）と労働者層を支持層に持つブラジル労働党（Partido Trabalhista Brasileiro: ＰＴＢ）によって、クライアンテリズムにもとづくポピュリスト政権を確立してきたという歴史を持つ。これらの政権は、効率と効果の乏しい支出を増大させ、財政を悪化させる一方で社会問題の解決には効果をもたらさなかった［小池　二〇〇四：六九］。これにより、市の予算は政治的利権を持った一部の人々の間で分配され、貧困層は社会的・政治的に排除されてきたのである［Abers 2000］。このような状況に対し、民主化後に行われた一九八八年の選挙では、労働者党の候補者であったドゥトラが市長選の選挙公約に参加型予算の導入を約束して当選し、参加型予算は労働者党の政策における重要な位置を占めるようになった。

参加型予算では、どのような仕組みで市民の参加が行われるのであろうか。ポルトアレグレ市の参加型予算制度では、住民自身の手で予算の審議・決定・実施のプロセスが行われる(8)。この際、地区別、テーマ別の住民集会、市当局の三者が何段階もの協議を経て市の事業予算における優先順位を決定する。参加型予算には予算決定までにいくつかの段階を持つ。第一段階は、全ての住民に開かれた公共の場における審議プロセスである。まず予備的な会合が開催され、市当局者が前年度の決算報告、及び当年度の事業計画を提示する。次に一七地域（二〇〇七年度予算策定期までは一六地域）、六テーマ別に集会が開かれ、市民が直接参加した優先分野への投票及び評議員の選出が行われる。テーマ別の住民集会については、スポーツ・教育・レジャー（Educação Esporte e Lazer）、都市交通（Circulação, Transporte e Mobilidade Urbana）、住居・都市開発・環境（Habitação, Organização da Cidade Desenvolvimento Urbano e Ambiental）、経済開発課税・観光・労働（Desenvolvimento Econômico Tributação, Turismo e Trabalho）、文化（Cultura）、保健・社会福祉（Saúde e Assistência Social）の六分野における重点項目について、市の職員と住民の間でより詳しい政策目標の合意が行われる［Abers 2000:85］。

参加型予算の第二段階は、地域別・テーマ別集会において選出された評議員によって構成される「参加型予算審議会（Conselho do Orçamento Participativo、以下ＣＯＰ）」が、市議会に提出する予算案を作成する段階である。市当局は各担当部署による検討結果をふまえた第二次計画案を作成し、ＣＯＰによる審議・承認を受けて、最終事業計画案を作成する。この計画案は、政府を通じて議会に提出され、市議会で承認され正式案となる。

ポルトアレグレ市の参加型予算について先駆的に研究を行ったレベッカ・Ｎ・エイブルスは、参加型制度の功績と労働者党の目標と結びつけ、クライアンテリズムを排除して貧困層のニーズを優先し、政治的に排除されてきた人々をエンパワーメントすることに成功した点であると指摘する［Abers 2000: 61］。また、参加型制度研究の第一人者であるレオナルド・アヴリッツァーは、本制度が市民の多様性を代表することを可能にし、公共財の配分に新しい社会的バランスをもたらしたと実証している［Avritzer 2009: 89］。参加型制度を扱った多くの研究は、参加型制度によって市民社会と立法府・行政府・司法府を中心とした政治制度を繋ぐ新しい政治的チャネルを実現し、政治的アカウンタビリティを強化することに成功したと結論づけるのである。

このような参加型制度の成功により、参加型予算は一九九〇年代半ば以降、ブラジル国内の労働者党が政権を担う地方自治体において標準的に用いられるようになった。さらに、このような参加型制度の成功を評価した国際機関では、グッド・ガバナンスを推進する開発戦略としてアジア・アフリカ・ラテンアメリカにおける多くの開発途上国で参加型制度を導入することを奨励することとなったのである。

このような成果から、参加型制度は民主主義の深化にどのように貢献することが可能であると説明できるであろうか。参加型制度の重要な貢献は、地方政府レベルにおいて、それまで政治的意思決定のプロセスから排除されてきた市民の直接的な政治参加を促すことを可能にしたことと言える。これにより、市民は政治参加のチャネルを得たとともに、政府のパフォーマンスへの監視を行うことができるようになった。これを第1項で参照したアカウンタビリティの議論を用いて説明すると、政治制度外の市民の政治参加は政府の社会的アカウンタビリティを増加させ、クライアンテリズムにより阻害された選挙制度を通した垂直的アカウンタビリティを補完することによって、民主主義の深化を促したと考えられるのである。

3　国家政策審議会

参加型制度の普及に伴う社会的変化は、労働者党候補のルーラが大統領選挙に勝利し、二〇〇三年に労働者党政権が発足したことにより、広範なレベルへと移行した。労働者党が国政レベルの参加型制度を普及させたことにより、国家レベルの政策決定プロセスに市民の直接参加が可能となったからである。国家レベルの参加型制度の一例が、国家公共政策審議会（Conferência Nacional de Políticas Publicas）である。国家公共政策審議会は、一九四一年にヴァルガス大統領によって初めて導入された制度である。本審議会の当初の目的は、官僚が保健医療政策における問題点を理解するためであったとされる［Pogrebinschi and Samuels 2014: 318］。審議会とは、連邦政府、地方政府、民間セクター、市民社会組織の代表によって構成される審議の場であり、これら四セクターの代表が環境政策、保健医療政策といった専門領域の政策について合同で審議を行う。この審議は市レベル、州レベル、国家レベルの審議へと移行し、最

図1　国家政策審議会制度デザイン

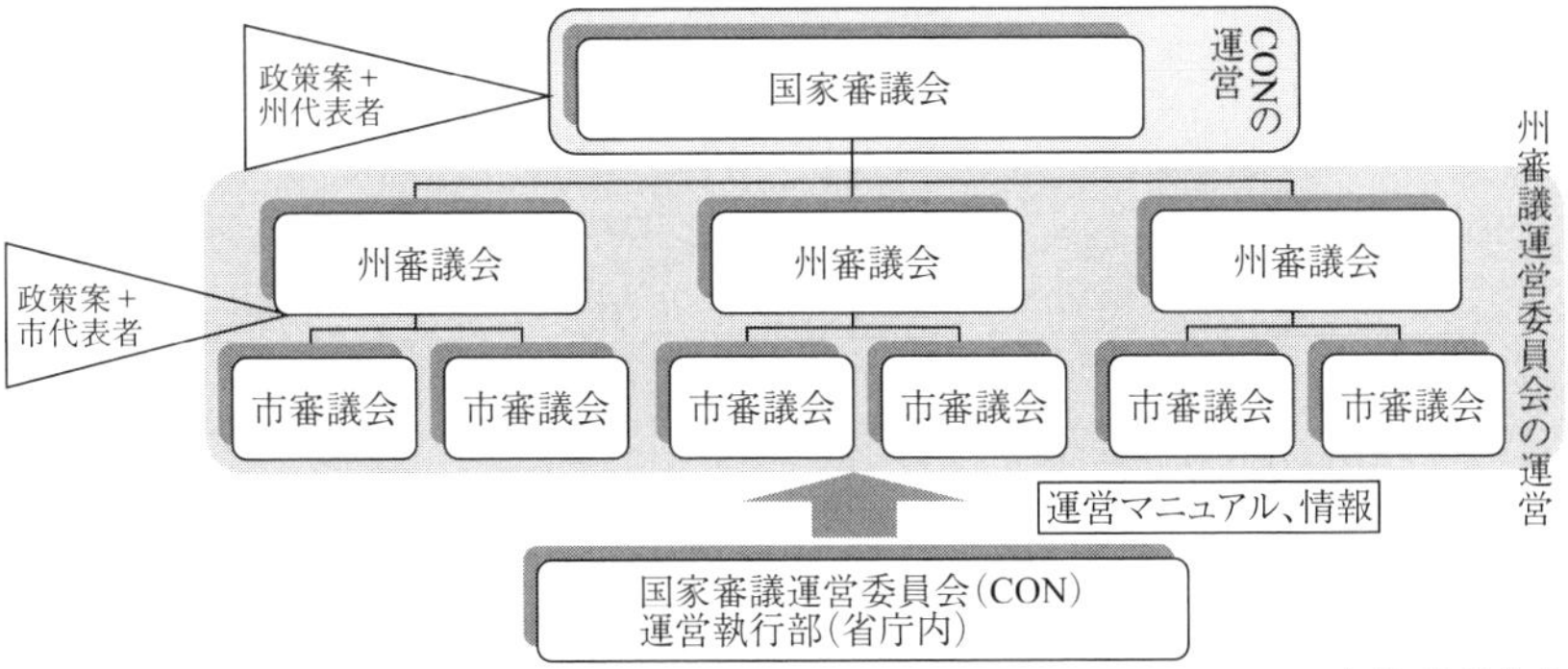

出所：筆者作成

終的には連邦議会への政策提言として、政策形成へと反映されるのである（図1）。

国家政策審議会は、軍事政権下において開催が制限されてきたものの、民主化の後、ブラジル民主社会党出身のカルドーゾ大統領によって二三の政策について再導入され、さらに労働者党政権の発足とともに二〇〇三年から二〇一五年の間に四七分野にわたるテーマの審議会開催へと拡大された[9]。これに伴い、審議会で扱われる政策分野についても、人権、経済開発、環境政策、教育、社会扶助、文化など、幅広い政策が含まれるようになった（表1）。審議会の運営は各審議会のテーマとなる政策分野の関連省庁が担当し、各レベルにおける審議会の運営から、最終的な政策提言まで責任を負うこととされている。

審議会の流れとしてはまず、各省庁における審議会の運営委員会（Comissão Organizadora Nacional: CON）が、審議会全体の統一テーマや運営方法に関する枠組みを策定する[10]。ここで審議会実行委員会のメンバーは、各政策分野に関連する政府・民間・市民社会の代表者が担う。その後、各省庁から地方自治体へと運営方針が共有され、市・州レベルの各自治体において審議会の運営委員会（Comissão Organizadora）が設置される。これらの運営委員会が、審議会の広報や審議会当日の運営にあたるが、運営委員会のメンバーには政府外の代表者がメンバーとして加わることが定

表1　国家政策審議会における審議テーマ（1988-2015年）

主題	細目	開催年
保健・衛生	保健・衛生	1992, 1996, 2000, 2003, 2007, 2011, 2015
	口内衛生	1993, 2004
	先住民族の保健・衛生	1993, 2001, 2005, 2013
	精神衛生	1992, 2001, 2010
	環境衛生	2009
	労働者の保健・衛生	1994, 2005
	保健分野における科学・技術革新	1994, 2004
	保健分野の仕事と教育に関するマネジメント	1994, 2006
	医学とファーマシューティカルケア	2003
マイノリティーと人権	人権	1996-04（毎年）, 2006, 2008, 2015
	青少年の権利	1995-2009（各年）, 2012, 2015
	高齢者の権利	2006, 2009, 2011, 2015
	身体障害者の権利	2006, 2008, 2012, 2015
	LGBTの権利	2008, 2011, 2015
	先住民族	2006
	女性のための公共政策	2004, 2007, 2011
	若者	2008, 2011
	民族間平等の促進	2005, 2008, 2013
	海外ブラジル人コミュニティ	2008, 2009, 2010, 2014
	透明性と社会統制	2012
	先住民政策	2015
	地域開発	2013
	消費者保護	2014
	社会福祉	2014
	観光	2014
国家・経済・開発	食糧と栄養の安全保障	1994, 2004, 2007, 2011
	科学・技術革新	2001, 2005, 2010
	連帯経済	2006, 2010, 2014
	地場産品のアレンジメント	2004, 2005, 2007, 2009, 2011, 2014
	水産・漁業	2003, 2006, 2009
	持続可能な連帯による地方開発	2008, 2013
	都市	2003, 2005, 2007, 2013
	公共安全	2009, 2014
	コミュニケーション	2009
	環境	2003, 2005, 2008, 2013
	環境と青少年	2003, 2006, 2009,
	国民保護と人道的支援	2010, 2014
	連邦行政機関の人的資源	2009
	雇用とディセントワーク	2010
社会保障、教育、文化、スポーツ	社会保障	1995, 1997, 2001-15（各年）
	基礎教育	2008
	専門・技術教育	2006
	先住民の教育	2009
	教育	2010, 2014
	スポーツ	2004, 2006, 2010, 2014
	文化	2005, 2010, 2013
	職業訓練	2008

出所：Pogrebinschi and Samuels［2012: 42］、及びParticipação em Foco – IPEA（http://www.ipea.gov.br/participacao/.［2016年8月21日最終アクセス］）より筆者作成。

められている。

各審議会は、市レベルでは半日から一日、州レベルでは三日から五日、全国レベルでは五日から七日に渡って行われる。このうち、市レベルの審議会では全ての地域住民に審議への参加の機会が認められている。州・全国レベルの審議会への参加は、市・州レベルの審議会で選ばれた代表者のみとなるが、投票権を持たないオブザーバーとしての参加については制限されていない。

審議会の流れは各審議会によって詳細は異なるが、以下の共通した大枠を持つ。まず運営委員会による審議会のテーマ説明と、参加者による審議方法の承認を行う。次に、参加者が審議会のテーマに沿った細目テーマ別に分かれ、それぞれのテーマ別グループワークにおいて話し合いを行う（写真1）。この中で、それぞれのテーマについて各グループが政策案を提案し、その政策案の中から審議会の参加者全員が、優先度の高いと考える政策案に投票を行う（写真2）。次に、市・州レベルの審議会のみ、一つレベルが上の審議会に参加する代表者を、立候補者の短い演説の後、投票によって選出する。代表者については、政府・民間セクター・市民社会に分けて代表者の枠が割り振られており市民の多様性が反映される仕組みとなっている。そして最後に、投票で得票数の多い政策案から採択される。各市の審議会から提案された政策

写真1　グループワークの様子（2013年8月、筆者撮影）

写真2　政策に投票する審議参加者（2013年8月、筆者撮影）

案は州審議会に、各州審議会から提案された政策案は全国審議会へと集約され、審議、採択のプロセスが繰り返される。全国審議会で最終的に採択された政策案については、各省庁の運営主体（Órgão Responsável）が政策への反映に責任を持つのである。

国家政策審議会の実証研究を行ったサミー・ポグレビンシとデイビット・サミュエルズは、審議会によって採択された提案が政策立案として反映された割合を示し、審議会における自発的な個人の参加は国家レベルの政府の運営効果を上げることに貢献することから、マクロレベルの民主主義を深化させたと結論付けている［Pogrebinschi and Samuels 2014］。

しかしながら、筆者が国家政策審議会への参与観察を行ったところ、審議会の運営方法はそれぞれの審議会によって多岐に渡り、中には、参加者の審議への参加プロセスに問題点があることに気が付いた。例えば、都市審議会の参加者は、「審議会が毎年同じ議論を繰り返している」、「トップダウンの審議会マネジメントによって効果的な話し合いの場が妨げられるようになった」というような、制度デザインへの批判を口にしていたからである。さらに、都市審議会の制度デザインを導入時から現在まで調べてみると、その間に変更が行われており、それに伴って参加者の権限が制限されるようになっていることがわかった(11)。

このような制度デザインの変化は、その帰結として何をもたらすのだろうか。また、制度デザインを持続させる要因とは何なのであろうか。このような「制度の持続性」に関する問いは参加型制度が導入されて数十年が経過した現在、改めて見直される必要があると考えられる。次節では、参加型制度の制度デザインとアクターの相互作用性について理論的な背景を整理するとともに、市民社会によってもたらされる社会的圧力によって制度の実効性を持続することが可能であるという仮説を提示する。

三　制度デザインと市民社会の戦略

本節では、二節で提示した「参加型制度の実効性を維持する要因は何か」という問いに対し、参加型制度の理論的背景を概観することによって参加型制度を評価する基準を明らかにするとともに、その問いに答える仮説を提示する。この際、まず第1項において参加型制度と制度デザインに関する議論を整理し、第2項では参加型制度における制度とアクターの相互作用性について議論を概観する。最後に第3項では、社会運動論を用いて制度の実効性を維持するメカニズムを提示する。

1　参加型制度における制度デザインと実効性

参加型制度の地域を超えた広がりが進んだ近年、地方自治体における参加型制度の研究において、その比較検証を通して制度の効果が政治的文脈によって異なることを指摘する研究が進んでいる［e.g. Avritzer 2009; Goldfrank 2011; Petinelli 2013］。これらの研究は、参加型制度の制度デザインが制度設立の背景となる政治的文脈によって異なることを明らかにし、その設立は必ずしも市民の政策決定への参加を促進し、期待された効果である民主主義の深化をもたらさないことを指摘している。制度デザインには実施する機関によってバリエーションが存在し、その中には市民による審議への実質的な参加をもたらさない制度も存在するためである。

さて、参加型制度の実効性とはどのように規定することができるのだろうか。参加型制度の実効性を制度とアクターの関係性から説明を試みたレベッカ・N・エイブルスとマーガレット・E・ケックは、参加型制度のプロセスは図2に示したような三つのプロセス（インプット・スループット・アウトカム）に分かれると説明する［Abers and Keck

図２　参加型制度のプロセス

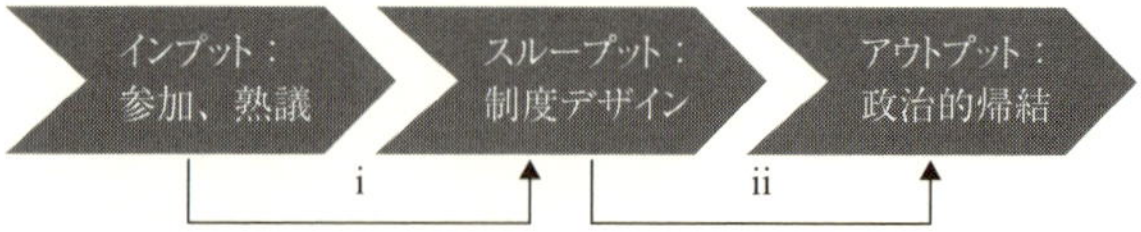

出所：筆者作成

2009:292］。彼らの研究の主眼は参加型制度を通した政策運営であるため、参加型制度のスループット、つまりインプットとアウトプットの間のブラックボックスを国家の政策実行能力と定義づけているが、本書では参加型制度の政策審議過程に主眼を置くため、審議過程における市民の要求を集約する役割を果たす参加型制度の制度デザインをスループットとして扱う。参加型制度の実効性とは二つの異なった側面を持つ。第一に熟議プロセスにおける効果（i）、そして第二に政治的帰結をもたらす効果（ii）である。第一の熟議プロセスにおける実効性とは制度デザインを観察することによって測ることが可能である。そこで基準となるのは、どれだけ審議参加者の声が最終的な政策提言の内容に反映されるかである。一方、政治的帰結はどれだけの政策提言が実際の政策決定に反映され実現されるか、によって測ることが可能である。

この参加型制度の二つの側面はともに制度の実効性を測るうえで重要な基準であるが、参加型制度の本来の目的である「政治的権力を既得権益層から市民社会に転換させる」という目標により直結する基準となるのは、第一の熟議プロセスであると考えられる。これは、たとえ参加型制度を通して策定された政策提言が政策形成において十分に反映されたとしても、制度自体が熟議の過程において市民の自由な発言を制限するものであれば、本来の目的である市民による政策決定という目標を果たさず、制度が形骸化する恐れがあるからである。さらに、先行研究が示すように、制度デザイン自体が政治的文脈と参加型制度との相互関係の政治的帰結であると考えられる［Avritzer 2009; Goldfrank 2011］。従って本書では、制度の実効性を測る指標として制度デザインを用い、審議への参加者である市民の声が参加型制度によって設置される審議の場を通してどれだけ政策提言に反映されるか、という基準に沿って評価を行う。

さらに、評価するには以下の三つの手順を用いることとする。

第一に、参加型制度の制度デザインを、オーストラリアにおいて参加型制度の研究を行ったヴィヴィアン・ロウンズ、ローレンス・プラチェット、ゲリー・ストーカーの研究グループが提唱するC. L. E. A. Rモデルの指標に基づいて、「政策修正型モデル」と「政策構築型モデル」の二つのモデルに分類する［Lowndes, Pratchett, and Stoker 2006］。C. L. E. A. Rモデルは、"C" an do（参加の資源と知識が保証される）、"L" ike to（参加を補強する関心が存在する）、"E" nable to（参加の機会が与えられる）、"A" sked to（公的な運営主体や任意団体によって動員される）、"R" esponded to（参加者の意見が反映されているという証拠が見られる）の五つの評価指標を提示している［Lowndes, Pratchett, and Stoker 2006: 286］。「政策修正型モデル」とは、審議への参加者の権限が、政府が提案した政策案を修正することに制限される制度と規定する。このため参加者は政策案を一から提案することができない。これに対して、「政策構築型モデル」は参加者の話し合いによって新しい政策案を構築することが可能な制度デザインであり、参加者自身に話し合いの主導権がある制度と定義づける。したがって、政策構築型モデルの方が、政策修正型モデルよりも市民参加の実効性が高いと判断することができる。

第二に、参加者の数と参加者の社会的背景の多様性に注目する。これにより、参加者がどういった社会層の代表者であるかを明らかにし、参加型制度がどれだけ社会の多様性を包括することが可能であるかを測る。この際、参加者数と参加者の多様性が多いほど、より参加型制度の実効性が高い、つまりより参加者の声が政策に反映されやすい制度であると評価する。

第三に、参加型制度の運営主体を明らかにすることによって、制度がどれだけ政策形成に影響力を及ぼすことができるかを明らかにする。この際、運営主体がより省庁の中枢に近い部署である場合に、審議による提案がより影響力を持つと考える。一方、運営主体が省庁内の一部局に限られる場合には、審議会による影響力が制限されると評価する。

本書では以上の指標に従い、第三節において国家政策審議会の中でも国家都市審議会と国家環境審議会の二つの事例の制度デザインについて時系列で評価を行う。

2　制度とアクターの相互作用

それでは、前項で概観したような制度デザインの差異はどのような要因によって起こるのであろうか。次に、参加型制度のデザインを決定する要因を明らかにするため、参加型制度の議論の発展を概観する。

参加型制度が導入された初期の研究は、ポルトアレグレ市における参加型制度の成功に注目し、参加型制度の政治的貢献を理論化することを進めてきた〔ex. Abers 2000〕。これらの研究は、地方自治体における制度の導入が、その地域の権力関係を変遷させてきた過程を明らかにしたと言える。一方近年、ブラジル国内のみならず他国の自治体へ参加型制度の導入が進むと、それらの多様な事例を比較し、参加型制度の政治的帰結を明らかにする研究が行われるようになった〔ex. Avritzer 2009, Goldfrank 2011, Petinelli 2013〕。これらの研究は比較検証を通して、参加型制度が「成功」もしくは「失敗」する条件を明らかにしている。ここで「成功」「失敗」の基準となるのが前項で示した制度の実効性である。これらの研究は、参加型制度の制度デザインが、政治社会と市民社会の政治的文脈によって異なることから、参加型制度の導入は常に一定の効果をもたらさないことを示している。

以上の研究は、いくつかの検証の余地を残す。まず、これらの研究は制度に影響を与える政治的文脈を所与の条件としているが、政治的文脈は時間の経過により変遷する可能性がある。このような政治的文脈の時間的変遷が制度デザインに影響を与えるならば、参加型制度の実効性も同時に推移するであろう。もし、政治的文脈を変化のない静的な要因として捉えてしまうと、このような制度の推移を見逃してしまうこととなるかもしれない。このため、参加型制度の実効性は、単なる静的な要因の組み合わせによる帰結としてではなく、連続して発生する制度改革の一プロセスとして捉える必要があると考えられるのである。

前述のエイブルスとケックは、このような参加型制度の時間的変遷を理解する手がかりとなる理論的枠組みを提示している［Abers and Keck 2009, 2013］。彼らは制度デザインとは、一度決められてしまえば自動的に働くような機能ではなく、その運用は多岐に渡ると説明する。このため制度によってもたらされる効果は常に一定ではないと主張するのである［Abers and Keck 2009: 290］。つまり制度が、他のアクターの行動に影響力を与えることが可能である「実効的権力（Practical Authority）」を得るためには、関連アクターが政策に関する認識、資源、関係性を転換することによって、官僚が政策実行のために必要な政策施行能力を獲得する必要があるとするのである［Abers and Keck 2013: 15］。この議論の基盤となっているのが、ジェームズ・マホーニーとキャスリン・A・セレンによって提唱された、漸進的制度改革（Gradual Institutional Change）という議論である［Mahoney and Thelen 2009］。これは、制度改革は政治的文脈と制度の特徴の組み合わせによって特徴づけられるとするものである。これにもとづき、エイブルスとケックは制度改革を、制度と関連するアクターの相互作用によって決定される動的プロセスであると説明するのである［Abers and Keck 2009, 2013］。彼らの提示する理論的枠組みは、制度改革のプロセスを分析の枠組みとして取り入れることにより、制度とアクターの相互作用を明らかにすることを可能にしている。本書では彼らの提示する分析枠組みに則り、制度の実効性を決定する要因を明らかにするため、制度改革のプロセスを検証する。

しかしながら一方で、本枠組みは参加型制度の実効性をもたらす主要因が何であるのかを明らかにしていない。このため、実効的な参加型制度を維持する要因を明らかにするためには、その背景にある社会的ダイナミズムを観察する必要があると言える。

3　市民社会の戦略と制度の持続

それでは、どのような要因によって参加型制度の実効性は維持することができるのであろうか。第二節で概観したブラジルにおける参加型制度の発展経緯が示すように、参加型制度とは、政治的権力をめぐる一般大衆と既得権益層の抗争の帰結として導入された制度である。つまり、政治的権力を獲得するための社会運動の帰結として、参加型制度を捉えることが可能であると考えられるのである。どのように社会運動が政治的権力を獲得することが可能なのかという問いに対して、多くの社会運動論者が理論化に取り組んできた。本項では、参加型制度の実効性を持続させる要因を明らかにするため、社会運動論を用いて仮説を導く。

社会運動論において社会運動が発生する要因及び、その動員構造は長く議論されてきたテーマである。この中で、社会運動発生の要因は社会的階層間の抗争を高める社会的構造に内包された格差であると考えられてきた。そして社会運動への動員構造について、社会運動団体の内部構造に着目した説明と、社会運動団体外部の環境に着目した政治的機会構造論が社会運動論として発展してきた。

まず政治的機会構造について考察する。社会運動の理論化を牽引してきたアメリカの政治学者シドニー・タロウは、政治的機会構造を「社会運動団体の外部的要因である政治的環境の安定的側面」であると定義し、人々が集合行為を用いることを促進・制限するものであるとしている［Tarrow 1998: 76-77］。しかしながら政治的機会構造は、必ずしも社会運動団体に持続的な資源を与える訳ではない。政治的機会構造とは社会運動団体の外部に存在する政治的環境であり、常に社会運動団体が集合行為を行うことを促進するとは限らないからである。例えば、タロウが政治的機会構造の一つとして挙げるエリートとの連合関係は、政治家同士の勢力関係によって変遷する「変動的要因」である。一方、より安定的な構造として考えられる民主化等によってもたらされる制度的機会は、全てのアクターに等しく機会を与えるため、社会運動団体に敵対するグループに対してもまた、等しく資源を与えてしまう。このため、社会運動団体が権力の獲得を目指す上で、必ずしも有利な条件とは言えないのである。これらのことから政治的機会構造は、社会運動の一時の隆盛を説明することはできるものの、それによって得た権力を維持する要因ではないと考えられる。

次に、社会運動団体による要因を考察する。社会運動論のなかで社会運動団体の要因に着目した議論は、主に二つある。一つは社会運動団体の内部構造に着目し、団体の持つ資源によって社会運動の発展を説明した資源動員論である［ex. McCarthy and Zald 1977］。もう一つは、社会運動団体が運動の論点を解釈し、世間に認知させる過程に注目した議論であり、フレーミング理論と呼ばれる［ex. Snow, Rochford, Worden and Benford 1986］。これらの議論に則れば、社会運動団体が政治的権力を獲得するために用いる戦略は、「内部戦略」と「外部戦略」の二つのカテゴリーに分類することができる［Levine, Fung and Gastil 2005］。このうち内部戦略とは、社会運動団体が政府内部のアクターと協力関係を築くことによって、政府内部の資源、つまり政治的権力へのアクセスを得ることを指す。一方、外部戦略は、社会運動団体が抗議行動等の直接行動を通して政府に対する社会的圧力をかけ、市民社会の要求を政府が無視できないようにすることによって、政府の政策形成への強い影響力を得ることを指す。このためには、社会運動団体は社会から大きな関心を引くため、論点を効果的に枠組み化する必要があるのである。

さて、社会運動団体が実効性の高い参加型制度を通して政府内における権力を維持するためには、内部戦略と外部戦略、どちらの戦略が有効なのであろうか。まず、内部戦略が働くためには、社会運動団体と政党、もしくは社会運動団体と有力な政治家との間に協同関係の存在があることが不可欠である。しかしながらこのような協同関係は、社会運動団体と政府が同じ目的を共有している際にしか成り立たない。このため、内部戦略の影響力は政府の意向に大きく依存することとなるのである。つまり、政府が社会運動団体以外に支持基盤を持つようになると、社会運動団体による政治参加を促進させるインセンティブが下がり、社会運動団体による影響力を弱めようと画策する可能性があるからである。こうしたことから、内部戦略は政府内権力を維持するための持続的な戦略とは言えない。一方、外部戦略が働くためには市民による集合行為を通した社会的圧力の発生が不可欠である。この際、集合行為が発生するための条件は、社会運動団体の内部資源である問題提起能力とその問題を市民に共有させるための手段にのみ依存する。このため、市民社会は外部戦略を用いる時、政府から独立したアクターとして振る舞い、このことにより社会的圧力を通して政府との間に抑止力を得ることができると考えられるのである。以上より、本書における仮説を以下のように設定する。

仮説：市民社会によって用いられる外部戦略によって効果的な制度デザインが持続することにより、参加型制度の実効性が維持される。

本仮説を検証するため、本書では市民社会による外部戦略が参加型制度の実効性の持続に与えた影響を、ブラジルにおける国家政策審議会の事例を用いて検討していく。

まず第2項で見た政治的文脈の時間的変化を明らかにするため、政治的機会構造の推移を検証する。ここで政治的機会構造の指標として政治的意思と野党勢力の影響力を観察する。政治的意思とは国家政策審議会を担当する省庁の大臣の参加型制度実現への意思とし、大臣が左翼イデオロギーを持ち、また市民社会と強い繋がりを持つ際に強いと考える。一方、野党勢力の影響力は国会における野党議員の数の増減から観察する。次に、第3項で見た参加型制度の実効性の持続を規定する要因として市民社会による内部戦略と外部戦略を検討する。内部戦略は市民社会の政府内影響力を観察する。具体的には、省庁と市民社会で行われる共同事業の有無、省庁内における市民社会の代表者の政府内ポスト及びその政策決定への影響力を指標とする。一方、外部戦略は抗議行動の増加による政府に対する社会的圧力を観察する。具体的には、ブラジルにおける主要紙であるフォーリャ・デ・サンパウロ（*Folha de São Paulo*）とエスタード・デ・サンパウロ（*O Estado de São Paulo*）の二紙における抗議行動に関する記事数を数える。[12]

次節では、制度改革の後に参加型制度の実効性が低下した国家都市審議会と、実効性を維持した国家環境審議会の二事例を事例として扱い、二〇〇三年の設立時から現在までの間の政治的コンテクストの変遷過程を追跡する。同時に、制度デザインの推移を評価し、制度の実効性を維持する要因を明らかにすることを試みる。

四　事例――国家政策審議会と社会運動

本節では、ブラジルにおける参加型制度の発展と変容について、国家政策審議会の事例を通して検証を行う。[13]この際、二〇〇三年に設立された国家都市審議会（Conferência Nacional das Cidades: ＣＮＣ）及び国家環境審議会（Conferência Nacional do Meio Ambiente: ＣＮＭＡ）を事例として取り上げ、二〇〇三年の制度設立時から二〇一三年までの関連アクターの関係性の変化を追跡して背景要因の変遷を検証し、さらに制度の推移を比較検討して、実効性のある制度デザインが持続していくメカニズムを探る。

1　国家都市審議会

（1）国家都市審議会設立の背景

国家都市審議会は二〇〇三年、都市省が設立された際に同時に設立された制度である。ブラジルにおける都市開発の問題は、近代化と同時に大量に流入した都市貧困層の劣悪な居住環境という大きな社会問題に起因する。ブラジル都市部では、このような劣悪な環境を改善させるため、労働者層を中心とした大規模な社会運動が展開されてきた。国家都市審議会設立には、このような社会問題を背景に、政治的プロセスの民主化という目標を共有する政党と市民社会の強固な協力関係が築かれたことが関係している。国策レベルの制度の発展に先駆け、一九八〇年代から一九九〇年代にかけて、地方自治体レベルにおいて都市改革（Reforma Urbana）政策における参加型制度が発展した。二〇〇三年に労働者党が国政において政権を獲得すると、このような政策は国策レベルへと発展したのである。

このような政府と市民社会の協力関係を理解する手がかりとなるのが、都市改革のための国家フォーラム（Forum Nacional de Reforma Urbana、以下ＦＮＲＵ）という、社会運動、ＮＧＯ、都市開発専門家によって、一九八七年、都市改革を推進するために設立されたプラットフォームである。ＦＮＲＵは活動の柱として三つの目標を掲げる。[14] 第一に「都市の権利」であり、「全ての都市住民は、ふさわしい住居・暮らし・衛生設備・健康と教育・公共交通機関・滋養のある食物・仕事・余暇・情報を保持する権利を持つ」と主張する。第二に「民主的なマネジメント」であり、「市民は居住都市の将来に関わる重要な決定に参加すべきである。市役所や市議会は市の方針を決定する前に社会に対話の場を開くべきである」とする。第三に、「都市の社会的機能と妥当性」とし、「都市空間は大多数の集合的利益にもとづくべきである」と主張している。これらの目標を実現するため、ＦＮＲＵは抗議行動等を通した政府への直接行動、政府と提携した参加型マネジメントの推進等の活動を行ってきたのである。

こうしたＦＮＲＵの目標は、政策の「優先順位を逆転させる」ことを目標とした労働者党と、政策形成プロセスを民主化するという点において共有していた。このことからＦＮＲＵは設立当初より労働者党と強い繋がりを持ち、労働者党が政権を担った地方自治体においては、その繋がりを通して政府と市民社会の代表を含む民間セクターによる共同事業を進めてきた。この代表的な例がサンパウロ市における住宅政策である。サンパウロ市では一九八九年から一九九二年にかけて、政府とＦＮＲＵメンバーによる共同運営による住宅政策が実施された。また、第二節で紹介した参加型予算の設立も、市民の直接参加によって市の公共政策における予算配分を決定し、都市マネジメントを改善させることを目的とした取り組みの一つである。このような参加型事業の実施は、その都市に居住する市民が政策決定・運営のプロセスに直接参加することを可能とした。さらに、このFNRUと労働者党の繋がりは、労働者党が全国の都市部の地方自治体で台頭するにつれ、ブラジル全土へと拡大するようになったのである［Serafim 2013］。

また、このような政府と市民社会の強固な協力関係に加えて、政府外部から市民社会が与える強い社会的圧力が存在したことも、社会運動団体の政策形成への影響力を強めた一因である。抗議行動等の直接行動によって強められた社会的圧力は、後に国家レベルにおいて、都市マネジメントにおける市民参加を促す法整備を可能としたからである。

一九八五年民政移管の後、民主化を通して拡大された市民の政治参加の機会は、政府内部において政策形成に影響力を発揮しようとする社会運動団体に大きな機会をもたらした。FNRUに所属する市民社会団体は労働者党との協力関係によって政府内部の発言権を得るとともに、抗議行動を通した政府外部からの社会的圧力を強めることを通して、参加型事業が広く展開されるようになったためである。このように、参加型制度を通した市民社会アクターの政策形成・運営への直接参加は、地方自治体レベルの政治的プロセスの民主化に繋がった。これらのことから、参加型制度の設立は、都市改革の分野において政治的イニシアティブを獲得しようとした社会運動の結果であったと言える。

ルーラ政権が誕生した二〇〇三年、労働者党の支持基盤である労働者層の後押しによって、都市省が設立された。この際、参加型予算をブラジルで初めて制度化した元ポルトアレグレ市長のドゥトラが初代都市大臣として就任した。ドゥトラ都市大臣下において、都市政策は、市民社会との共同マネジメントを可能とする制度的枠組みが整備され、その重要な柱となったのが、国家都市委員会（Conselho Nacional das Cidades: ConCidade）や国家都市審議会の設立を

表2　国家都市審議会概要（2003-2013年）

	第1回CNC	第2回CNC	第3回CNC	第4回CNC	第5回CNC
開催年	2003	2005	2007	2010	2013
大臣（政党）	Olívio Dutra（PT）	Olívio Dutra（PT）	Márcio Fortes de Almeida（PP）	Márcio Fortes de Almeida（PP）	Aguinaldo Ribeiro（PP）
運営主体	官房	官房	ConCidade	ConCidade	ConCidade
審議会目的	国家都市政策の策定と実行	国家都市開発政策のガイドラインの提案	政府と民間の対話の促進	政府と民間の対話の促進	政府と民間の対話の促進
参加数	N/D	N/D	N/D	155440	N/D
制度デザイン	政策構築型	政策構築型	政策修正型（ConCidadeの選挙有）	政策修正型（ConCidadeの選挙有）	政策修正型（ConCidadeの選挙有）

出所：Conselho das Cidades: http://www.cidades.gov.br/index.php/conferencia-das-cidades.html.［2016年8月21日最終アクセス］、Participação em Foco – IPEA: http://www.ipea.gov.br/participacao/.［2016年8月21日最終アクセス］より筆者作成。

含む、参加型ガバナンスである［Serafim 2013］。これらの制度の目的は、「都市開発のための国家システム（Sistema Nacional de Desenvolvimento Urbano: SNDU）」を推進することであった。ここで、国家都市委員会は特に都市政策の構築及び実施のための公的機関・民間の都市計画専門家による能力強化の場として位置づけられた。一方、国家都市審議会は都市政策に関する議論を行う公共の場を設置することにより、国民の間の議論を活発化させることが目標とされた。これらの制度の設立により、都市政策の制度化及び政策の実施プロセスにおいて、市民社会の参加が広く保証されたのであった。

同時期、ドゥトラ都市大臣の働きかけにより、都市マネジメントに民間業者や専門家が参加した参加型事業が展開された。この際、市民社会と政府を繋ぐ核の役割を果たしたのが労働者党と強い繋がりを持つFNRUである。また、一九九〇年代にFNRUが中心となって行った抗議行動は、二〇〇五年、公営住宅国家基金（Fundo Nacional de Habitação de Interesse Social: FNHIS）の設立として結実した。都市省の設立当時、このような市民社会と政府の強い結びつきに後押しされ、都市政策への多様な政治参加が可能であったと言える。この協同関係は地方レベルで発展したものが、労働者党が国政選挙で勝利したことにより国家レベルに拡大されたものであり、この直接的な結果が、上記のような参加型ガバナンスの取り入れであった。

国家都市審議会の制度デザインは導入当時、どのようなものであったのであろうか。国家都市審議会の概要は表2にまとめた通りである。ドゥトラ都市大臣のもとで行われた、第一回・第二回国家都市審議会の目的は、「都市マネジメントのための国家政策を発展させること」とされ、審議会のプロセスはそのために公共の場において開かれた市民レベルの議論の場として位置づけられた。審議への主だった参加者は、都市政策に関わる地方・中央政府の公務員、都市開発プロジェクトに参画する民間企業の代表とそれらの企業の労働組合、都市開発分野に携わる専門家、そしてＦＮＲＵの中心的メンバーである全国都市改革運動（Movimento Nacional de Reforma Urbana: ＭＮＲＵ）、全国大衆住居連盟（União Nacional por Moradia Popular: ＵＮＭＰ）、全国住居闘争運動（Movimento Nacional de Luta pela Moradia: ＭＮＬＭ）、全国住民連合（Confederação Nacional das Associações de Moradores: ＣＯＮＡＭ）、大衆運動本部（Central de Movimentos Populares: ＣＭＰ）をはじめとする、ブラジル全土の都市部において居住環境の促進を目標に活動を行う市民団体である。国家都市審議会の運営方法には少人数制のグループワークが導入され、各セクター間の熟議プロセスを重視した制度設計とされた。また、審議会の総責任者である運営主体は都市省の官房と定められていたことから、ドゥトラ大臣が都市政策の運営を指揮した二〇〇三年から二〇〇五年の間、都市審議会は政策決定の重要なプロセスとして位置づけられてきたことがわかる。これらのことから、国家都市審議会はこの時期、実効性の高い制度であったと言えるのである。

（2）都市政策をめぐる政治的文脈の変化

都市政策をめぐる政治的文脈は、労働者党の議員による買収事件であるメンサロン（Mensalão）が発覚した二〇〇五年六月を境に、大きく変化した。この事件により、労働者党党首が辞任し、国会における労働者党の影響力が削がれることとなったのである。二〇〇六年の国政選挙ではこのスキャンダルが影響し、辛くも大統領選挙で

図 3　都市改革をめぐる抗議行動の件数（2001-2013 年）

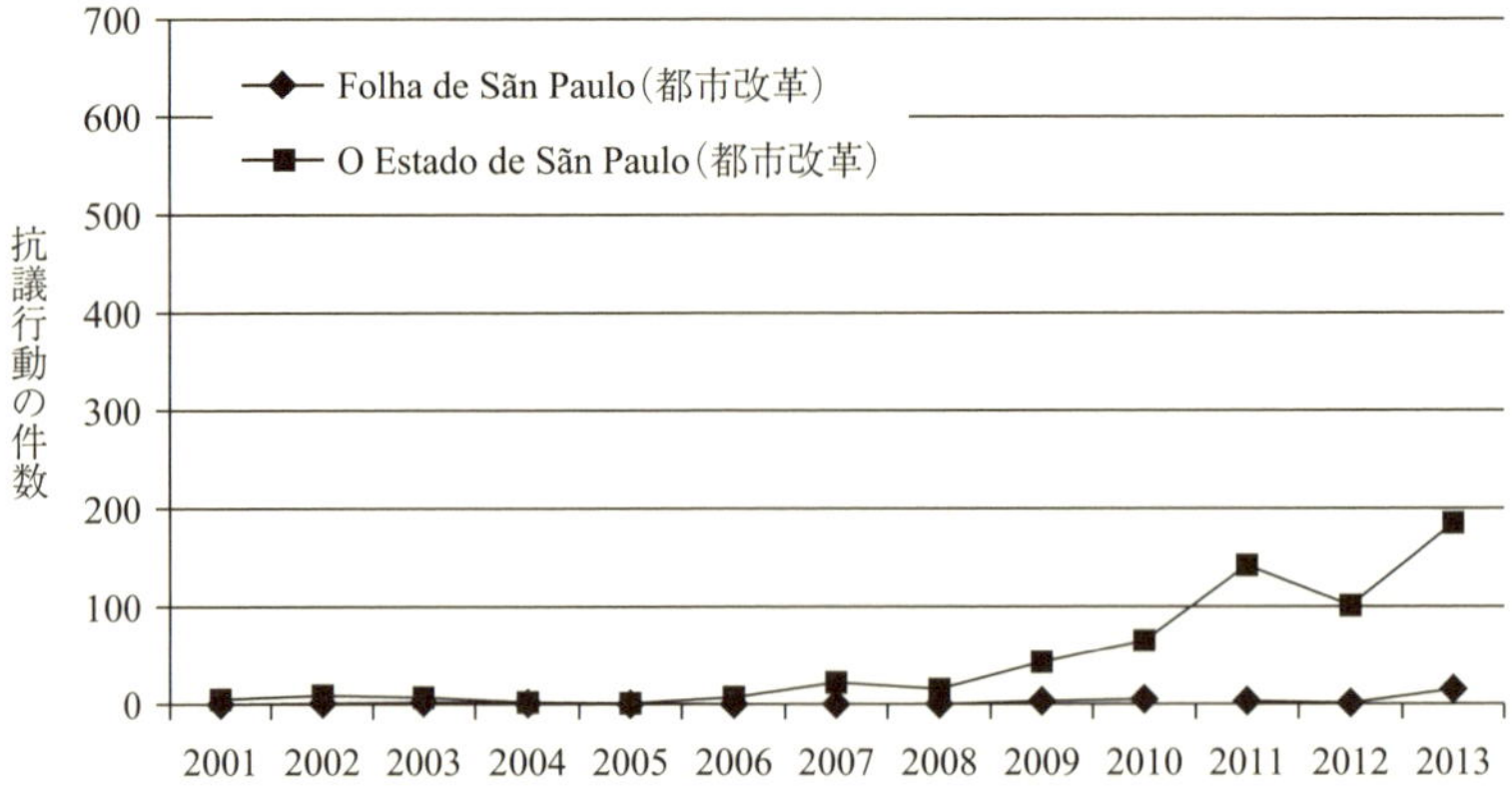

出所：Folha de São Paulo: http://www.folha.uol.com.br/.［2014 年 12 月 3 日最終アクセス］及び O Estado de São Paulo: http://www.estadao.com.br/.［2014 年 12 月 3 日最終アクセス］における新聞記事数より筆者作成。

労働者党は勝利したものの、最大野党であるブラジル社会民主党に国会における第一政党を奪われる形となった[15]。さらに、ほぼ同じ時期に、ドゥトラが、二〇〇六年のリオグランデ・ド・スル州における州知事選に出馬するため都市大臣を辞任した。労働者党の政府内影響力低下という政治的背景を受けて、都市大臣の後任は、ブラジルにおける保守政党の一つである進歩党（Partido Progressista: PP）のマウリシオ・フォルテス（Marcio Fortes、以下フォルテス）が選出された。

都市大臣の交代は、省内のマネジメントにとって大きな岐路となった［Abers, Serafim, and Tatagiba 2011, Serafim 2013］。フォルテス大臣が指揮する都市省において、政策の優先順位が民主的マネジメントから経済的発展に代わったからである。これにより、ドゥトラ元大臣によって推進された参加型事業の多くは中断され、これらの事業に専門家として関わっていたFNRUのメンバーの多くが解雇された。この結果、FNRUと政府の協同関係は国家都市委員会のみに限られるようになり、都市政策における市民社会の影響力は大きく制限されるようになったのである。このため、都市省における参加型ガバナンスの重要性は著しく低下したと言える。

このような政府の運営方針の変化に対し、関わっていた団体の多くは、その運営資源を労動者党に頼っていたことから、抗議行動に発展させることができなかったと考えられる。このため、図3に見られるように、都市改革をめぐる抗議行動の数は、二〇〇九年以降、若干の上昇が見られるものの、ほぼ横ばい状態である。都市政策に関する政府への社会的圧力が増加することはなく、都市省におけるマネジメントの変化が容認されてしまったと考えられるのである。都市省における市民社会と政府の協力関係を都市省発足時から概観したレベッカ・N・エイブルス、リザンドラ・セラフィン、ルシアナ・タタジバは、この際の市民社会の対応を、「……新しい大臣が就任した際、社会運動は委員会や審議会における制度化された手続きと、公的な権力者との間の個人的な交渉を組み合わせることによって、新しい状況に対応した［Abers, Serafim, and Tatagiba 2011: 26-27］」と説明している。

（3）社会運動と制度デザインの変遷

このような政治的背景の変遷に伴い、国家都市審議会の制度デザインにも推移が見られる（表2）。まず審議会の目的が、ドゥトラ大臣の指揮下にあった第一回、第二回審議会では、「都市政策の構築」と明示されていたが、フォルテス大臣への交代後の第三回審議会以降は「政府と民間の対話の促進」とされ、政策へのアウトプットが明記されない形となっている。これにより、都市省は審議会の結果である政策提言に、より実行責任を負わない仕組みとなった。また、目的として用いられる文言が第三回審議会から第五回審議会まで全く同じであることから、第一節最後で紹介したような、参加者による「審議会が毎年同じ議論を繰り返している」という批判に繋がっていると考えられる。さらに、審議会において採用されている審議方法も第五回審議会以降に変更が見られる。第四回国家都市審議会までは、グループワークを中心とした審議プロセスを行うことが運営方法を定めた内規に明記されていたが、第五回国家都市審議会からは、グループワークを行うこと定められているものの、その手順が明記されていない。

図4　国家都市審議会をめぐるアクターの変遷

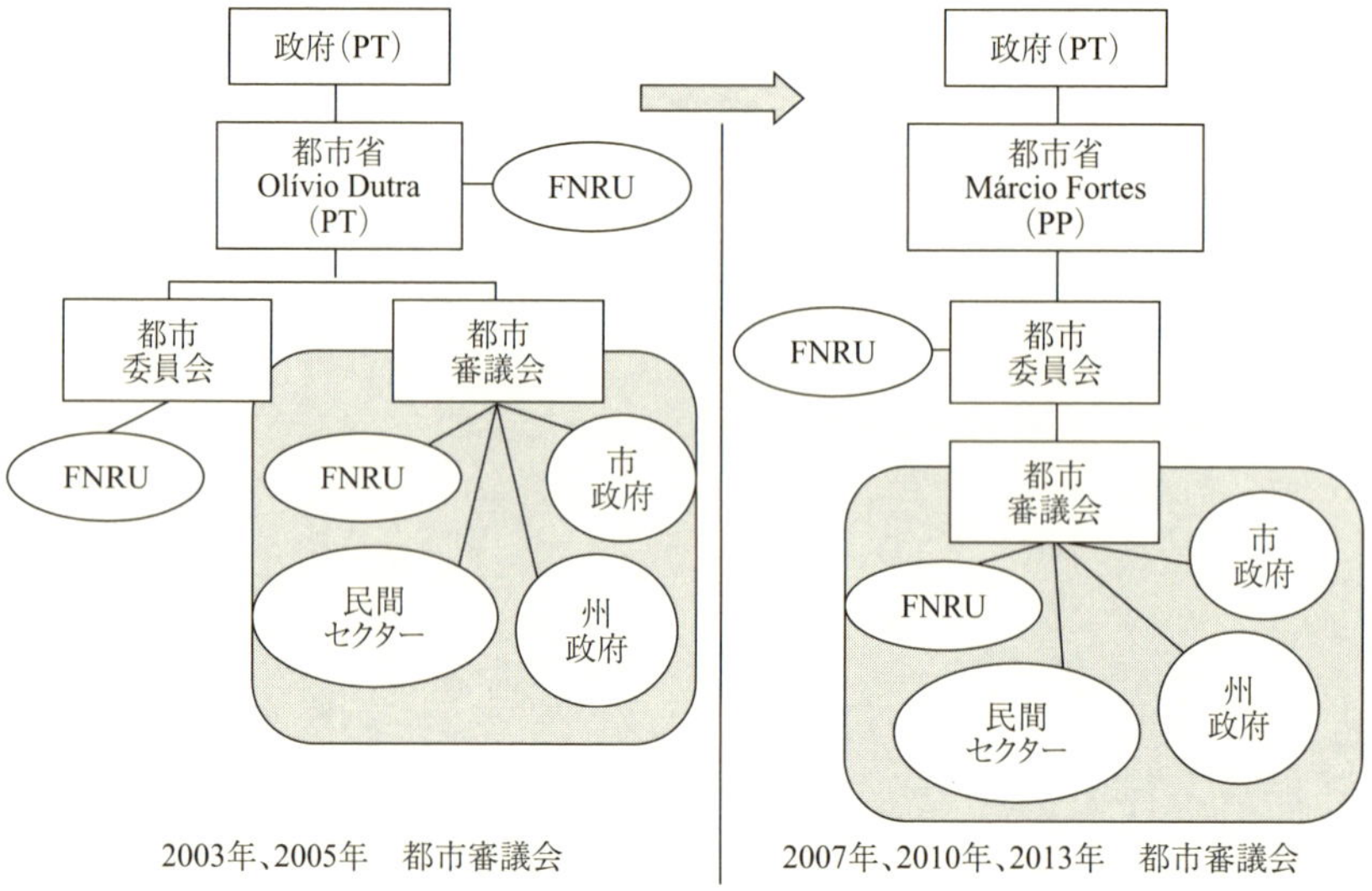

出所：筆者作成

このため、都市省から提案された政策案に対し参加者がグループワークで意見するという手続きとなり、参加者が一からの政策提言を行うということができない。また、第三回国家都市審議会以降は、審議会開催時に国家都市委員会の委員選挙が行われることとなったため、参加者は審議プロセスそのものよりも、選挙へと意識が向くようになった。

これらのことから、第三回審議会以降は、審議会の制度デザインが、市民が政策形成に強い影響力を持たない政策修正型モデルに変更されたと結論づける。一方、審議会のプロセスに責任を負う運営主体についても、第一回審議会までは都市省官房が担っていたものの、第三回審議会以降は都市省内の一部局である国家都市委員会へと変更されている。このことから、都市審議会の都市省内における政策形成への影響力が低下したと言える。

二〇〇三年から二〇一三年における、都市省内のアクター同士の関係性の変化は図４に示した通りである。第一回、第二回審議会においては、都市省自体が国家都市審議会を管轄していたとともに、市民社会団体であるＦＮＲＵが国家都市委員会、国家都市審議会、都市省が統括するプロジェクトへの直接参加といった様々なチャネルを政府との間に共有していた。しかしながら、都市大臣の交代を期に、それらのチャネルは国家都市委員会に集約され、第三回以降における審議会の影響力は都市省内において大きく低下することとなった。以上のことから、国家都市政策審議会の事例において、与党による影響力の低下と都市省大臣の交代に伴う政治的文脈の変遷、それに対抗する手段である市民社会団体による社会的圧力の不在によって、参加型制度の実効性は低下したと結論づける。

国家都市審議会の政治的文脈の変遷と制度の推移を整理すると、まず、国家都市審議会の設立背景には、都市における居住環境の改善を目指した社会運動団体と労働者党の間の協同関係が存在していた。この協同関係によって、地方自治体レベルにおいて参加型ガバナンスが実現され、さらにこの参加型制度の実践は、労働者党候補が大統領選挙で勝利した際に、国家レベルへと拡大した。この政権の下、都市省大臣によるリーダーシップによって、実効性の高い参加型制度である国家都市審議会が設立されたのである。これにより、市民社会団体は都市省内部において政策形成への強い影響力を持つようになった。しかしながら、大臣の交代と与党のスキャンダルによって政治的文脈が変化すると、都市省内における市民社会団体の影響力は大きく弱められることとなった。このような都市省における政策マネジメントの変化に対し、市民社会団体は社会的圧力を高めることができず、結果として国家都市審議会の実効性は制度改革を通して弱められたと言える。

2　国家環境審議会

(1) 国家環境審議会設立の背景

国家環境審議会は二〇〇三年、著名な環境活動家であるマリナ・シルヴァ（Marina Silva、以下シルヴァ）が環境大臣に着任した際に初めて導入された制度である。国家環境審議会設立の背景には、軍事体制下から続く活発な環境運動の影響が存在する。一九七二年に開催された国際環境会議であるストックホルム会議の開催を始め環境問題に対する国際的な圧力が高まる中で、環境運動は政策決定・実施を含む政治的プロセスの民主化を促進してきたのである。これを可能としたのが、政府内外に存在する環境活動家によるネットワークであった［Hochstetler and Keck 2007］。

環境政策の制度化及び民主化のプロセスには大きく分けて二つの過程が存在する。第一に、参加型制度の設立によって環境政策に対する政策決定・施行の権限が地方政府に移譲されたことである。第二に、地方分権化の過程で政府外アクターが環境の議論へ参加可能になったことが挙げられる。この際、環境問題を規定する法的枠組みの策定に中心的な役割を果たしたのが環境局（Secretaria Especial do Meio Ambiente: ＳＥＭＡ）である。一九八一年には最初の国家レベルにおける環境政策である国家環境システム（Sistema Nacional do Meio Ambiente: ＳＩＳＮＡＭＡ）が制定され、地方自治体レベルから連邦レベルまで、環境に関わる多様なアクターを環境政策の議論に参加させる制度的枠組みが設立された。一方同じ年に設立された、政府内外のアクターによって構成される専門家会議である国家環境委員会（Conselho Nacional do Meio Ambiente: ＣＯＮＡＭＡ）は、異なったセクター間の対話を促すことによって環境政策の実施を促進させることを目的とした。一九八八年憲法に地方政府における環境政策への権限が明文化されたことにより、地方自治体レベルの環境政策の自立的な運営が可能となった。さらに、一九九五年にはこのような環境政策をめぐる制度化の集大成として、環境省が発足されることとなった。

労働者党政権が発足した二〇〇三年には、ブラジルで最も著名な環境活動家の一人であるシルヴァが環境大臣に着任し、環境の議論を取り巻く制度はより一層発展した。特に、国家環境審議会が設立されたことによって、一般市民の環境の議論への参加が促された点は重要である。国家環境審議会は、環境政策に関わる全てのセクターの参加のもと、より厳密なガイドラインを設けることによってＳＩＳＮＡＭＡを促進させるとともに、環境マネジメン

表3　国家環境審議会概要（2003-2013年）

	第1回 CNMA	第2回 CNMA	第3回 CNMA	第4回 CNMA
開催年	2003年	2005年	2008年	2013年
大臣（政党）	Marina Silva（PT）	Marina Silva（PT）	Carlos Minc（PT）（2008年5月まで Marina Silva）	Izabella Teixeira（PT）
運営主体	官房	官房	官房	官房
審議会目的	SISNAMA ガイドラインの設置	SISNAMA の強化	気候変動政策の構築	固形廃棄物処理法の施行と伝播
参加者数	70000	88000	115000	200000
制度デザイン	政策構築型	政策構築型	政策構築型	政策構築型

出所：National Environmental Conference（Conferência Nacional do Meio Ambiente）：http://www.mma.gov.br/responsabilidade-socioambiental/conferencia-nacional-do-meio-ambiente.［2016年8月21日最終アクセス］、Participação em Foco – IPEA: http://www.ipea.gov.br/participacao/.［2016年8月21日最終アクセス］より筆者作成。

トを強化するための補足的政策を提案することを目的として設置された。

国家環境審議会の設立の背景には、民主化による開かれた政治参加の機会と環境問題に対する国際的な注目があった。環境団体はこのような背景に後押しされ、政府内に協同関係を発展させることを通して環境政策に関する政治的プロセスを民主化することに成功したと言える。この政府と市民社会の協同関係は、労働者党が政権を担いさらに影響力のある環境活動家が環境大臣に就任したことにより、より強化されたと考えられる。この直接的な結果が、国家環境審議会の設立であったのである。

国家環境審議会の概要は表3の通りである。シルヴァ環境大臣の指揮下にあった第一回、第二回国家環境審議会は、国家レベルの環境政策を発展させることが目的として明記された。このための審議方法として、環境省は少人数制のグループワークにもとづく審議プロセスを実施し、市民が政策形成のプロセスへ直接参加できる仕組みを提供している。このことから、国家環境審議会の制度デザインは設立当初から政策構築型のモデルであったと区分できる。つまり、国家環境審議会は熟議の過程を経て、参加者の声が政策へと集約される、実効性の高い制度であったと考えられるのである。ここで国家環境審議会の主だった参加者は、地方自治体の環境局・環境省、環境マネジメントに携わる企業、国内外で活動する環境保全団体や先住民族の代表を含む市民社会団体の代表者であった。また、国家環境審議会の運営主体は環境省官房と定められており、審議会の提案が環境省における政策決定に対して直接的な影響力を持ったと考えられる。以上より、第一回、第二回国家政策審議会は高い実行力を持った制度であったと結論づけられる。

（2）環境政策をめぐる政治的文脈の変化

二〇〇八年にシルヴァが環境大臣を辞任し、翌年二〇〇九年に労働者党から緑の党（Partido Verde: ＰＶ）へと移籍すると、環境政策を取り巻く政治的文脈が大きく変化することとなった。シルヴァの後任として、緑の党の設立者の一人であったカルロス・ミンク（Carlos Minc）が選出されるが、後にルセフ大統領へと政権交代した二〇一〇年には、イザベラ・テレシェイラ（Izabella Teixeira）へと引き継がれた。テレシェイラは環境運動出身者であるシルヴァとは異なり、官僚から政治家へと転身したキャリアを持つため環境運動との繋がりに乏しい。このことから、テレシェイラ大臣の就任の後、環境運動団体と環境省の間に齟齬が発生したと見られる。さらに、前述の労働者党のスキャンダルにより国会における労働者党の影響力が減少し、環境政策における政府の方針が、環境保護を重視した政策から経済成長を優先する路線へと方向転換がなされたことから、政府と環境団体の関係が悪化した［Saad-Filho 2013］。

このような政府と環境団体の関係性の悪化は、二〇一一年一一月に憲法修正案第二一五号（Proposta de Emenda á Constituição Nº 215、以下ＰＥＣ２１５）と呼ばれる環境保護区を定めた法律の修正案が上院を通過するとより明らかになった。環境保護区とは環境法一二条六五一―一二項に定められる保護区で、先住民に土地の権限を認めるとともに、経済的な目的による開発、資源の利用が規制されている。この修正案とは都市開発、金融、農業セクターを中心とする委員会によって提出されたもので、環境保護区の境界線を改変することから、産業利用が可能な土地の範囲を拡大することを目的としたものである。これに加え同じ年、先住民族のコミュニティが数多く点在するシングー（Xingu）川流域におけるベロモンテ（Belo Monte）水力発電ダムの着工許可が出されると、森林保護を求める環境団体、先住民運動を中心とした大規模な抗議行動が展開されるようになった（写真3）。

写真3：ベロモンテダム建設反対運動（2013年12月、筆者撮影）

このような環境政策をめぐる抗議行動発生の背景には、環境省における制度改革が存在する。二〇一二年には複数の環境NGOが連名で環境マネジメントに反対する声明を政府に送っている。この声明において環境団体は、二〇一一年に承認された補足法第一四〇号（Lei Complementar Nº 140）の成立によって環境省における意思決定手続きが改変されたことに伴い、市民社会の環境マネジメントにおける影響力が制限されるようになったと主張している［Folha de São Paulo 2012］。これは、新しく三極委員会（Comissão Tripartite Nacional）が設立されたことにより、国家環境委員会からの代表者一人にのみ、最終的な政策決定プロセスに参加することが許可されることとなったことが理由である。

元環境大臣のシルヴァは本抗議行動の中心的アクターとして加わっている。シルヴァは有力紙であるフォーリャ・デ・サンパウロ（*Folha de São Paulo*）において以下の発言を通して、政府と労働者党を批判している。「権威主義体制下において、ブラジルは社会正義を実現するという共通目標を共有していた。……これによってゆっくりではありながらも持続的な発展が、人々の動員や社会的抗争に適した政党、すなわち労働者党の貢献を可能にしてきた。……労働者党は変わった。以前は人々と彼らの目的のために権力を欲していたが、今は（人々や彼らの目的を）彼ら自身の権力を阻害するものとしてしか見ていない［Folha de São Paulo 2011］」。市民団体の代表とも言えるシルヴァのこのような発言からは、

図 5　環境をめぐる抗議行動の件数（2001–2013 年）

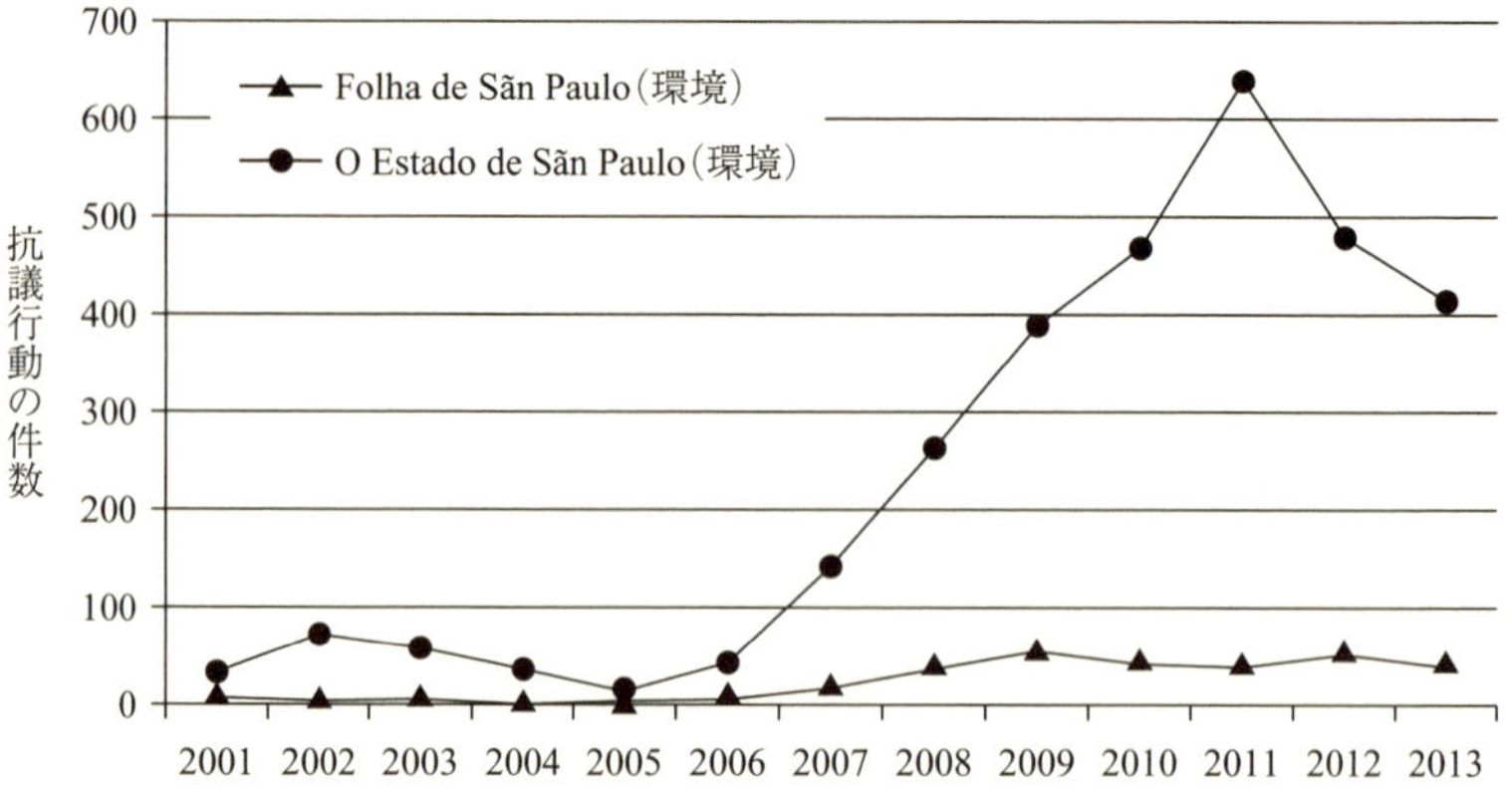

出所：Folha de São Paulo: http://www.folha.uol.com.br/.［2014 年 12 月 3 日最終アクセス］及び O Estado de São Paulo: http://www.estadao.com.br/.［2014 年 12 月 3 日最終アクセス］における新聞記事数より筆者作成。

目的を共有していた労働者党と市民社会団体の協力関係が崩壊しつつある構造が見られるのである。

二〇一三年に行われた第四回国家環境審議会では、このような背景を受けて、それ以前に審議会の中心的アクターであった環境ＮＧＯの多くが審議会への参加を拒否する宣言文を環境省に提出している。これらの中には、ブラジルの代表的な環境団体が所属するフォーラムである、環境と開発のための社会運動とＮＧＯによるブラジルフォーラム（Fórum Brasileiro de ONGs e Movimentos Sociais para o Meio Ambiente e o Desenvolvimento: ＦＢＯＭＳ）やマタ大西洋ＮＧＯネットワーク（Rede de ONGs da Mata Atlântica: ＲＭＡ）が含まれる。この結果、第四回国家環境審議会には、いくつかの環境団体の参加が見られたものの、国際ＮＧＯと強い関係を持つ有力団体の多くは不在となった。彼らの不参加宣言文には審議会の運営における政府の独断的な手法や審議会の決定による効果の低さへの批判が綴られているが、背景にはＰＥＣ２１５を巡る政府と環境団体の対立関係が存在する。[16] これに加え、環境団体がＰＥＣ２１５やベロモンテダムをめぐる問題の重要性についてマスメディアを通じて世間に発信したことから、環境政策に対する社会的圧力は増加傾向をたどっている。これ

図6　国家環境審議会をめぐるアクターの変遷

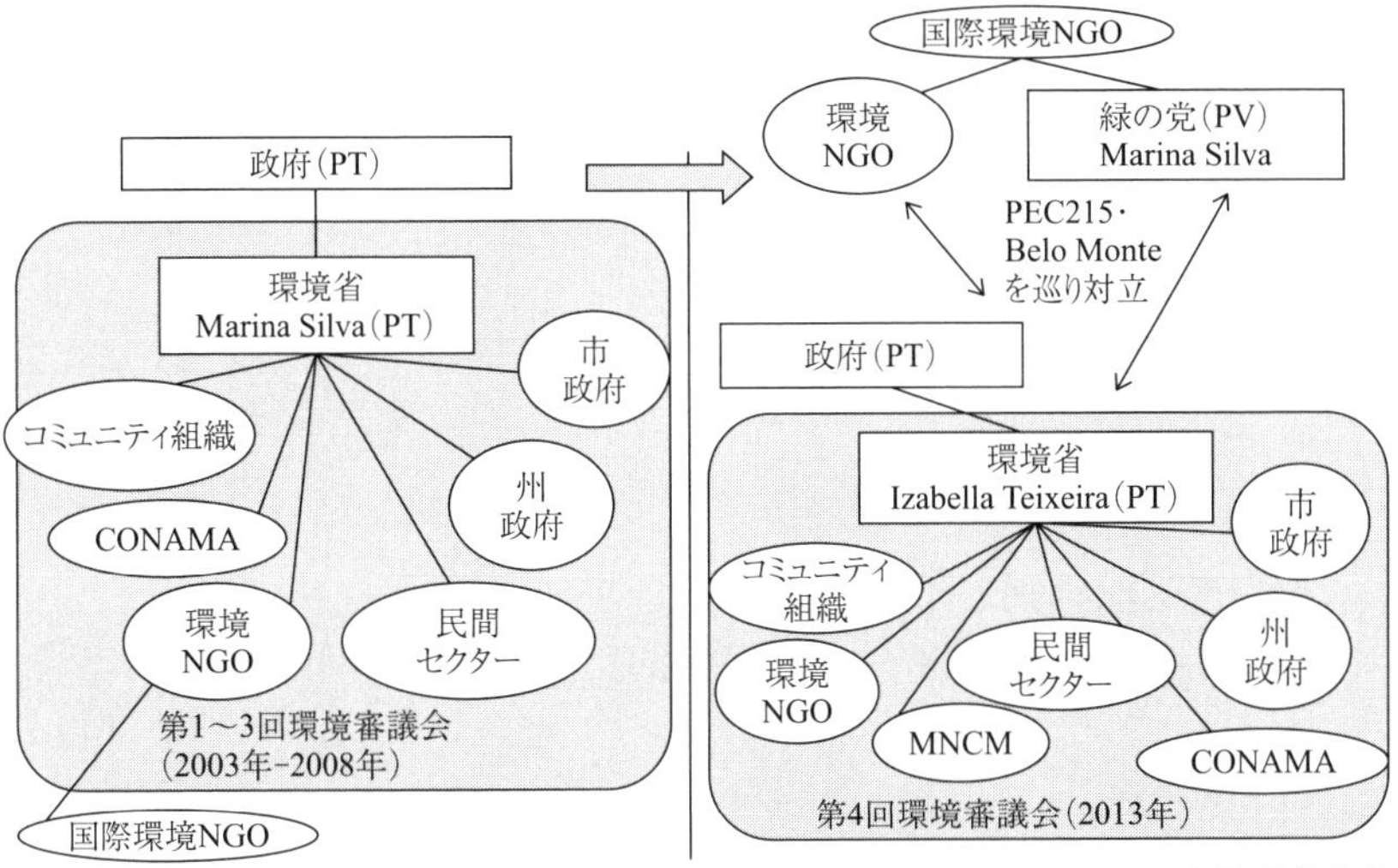

出所：筆者作成

らの抗議行動を通した社会圧力の増加は、図5で示した抗議行動の報道数の増加から見ることができる。

以上のことから、環境政策を取り巻く政治的文脈は第一回から第三回と第四回国家環境審議会の間に図6のように推移したと言うことができる。二〇〇三年の発足時から二〇〇八年第三回国家環境審議会の開催までは、審議会によって環境に関連するアクターである連邦政府、地方政府、民間セクター、市民団体であるコミュニティ組織と環境団体が全て包括されていたが、二〇一三年第四回審議会ではＰＥＣ２１５を巡った対立により国際ＮＧＯと繋がりを持つ環境ＮＧＯ、及びシルヴァを擁する緑の党が政府と対立し、審議会への参加を拒否した。その代わりに、第四回審議会ではテーマである固形廃棄物マネジメントに関連の強いアクターである全国カタドーレス運動（Movimento Nacional dos Catadore de Materiais Recicláveis、以下ＭＮＣＭ）が参加している。[17]

（3）社会運動と制度デザインの変遷

環境政策を取り巻く政治的文脈の変化は、国家環境審議会の制度に影響を与えている。表3から、審議会の目的とテーマにおいて変更が生じていることが見て取れる。国家環境審議会の目的は制度設立の際、環境問題を扱う運営システムの構築を目的にしており、第三回まではそれに準じているが、第四回国家環境審議会では既存の政策の施行と地方レベルへの伝播を目的としている。さらにテーマについて考察すると、第三回審議会まで環境の持続性という国際的な関心の高い問題に焦点を当てているのに対し、第四回では固形廃棄物の処理という国内問題へと移行している。第四回審議会ではそれまで環境問題として中心的な課題として扱われていた森林保全等を含む国際的な環境問題のテーマから距離を置いているのである。これは、背景で起こっている政府と環境団体の対立から、対立する問題をテーマにすることを避け、国内問題である固形廃棄物処理というテーマへとシフトさせた結果であると推察できる。

一方で、審議手法を見てみると、大きな変更は見られず、グループワークによって提言内容を構築する、実効性の高い政策構築モデルを維持している。また、第一回から第四回までの国家環境審議会の参加者数を見ると、第四回審議会には環境団体が参加を拒否する声明を発表したにも関わらず、持続的に増加していることがわかる。これは、これらの不在団体に代わり、MNCMが中心的な参加者として加わったからであると考えられる。これにより、第四回国家環境審議会において、参加者の多様性はむしろ高まったと言える。最後に、審議会の運営主体については、第一回から第四回国家環境審議会にかけて環境省官房が一貫して担っていることがわかる。以上のことより、第四回審議会においてテーマの変更が行われたものの、制度デザインについては、第一回国家環境政策審議会から第四回審議会まで政策構築型のデザインが維持されており、政策審議過程において市民の声を十分に反映することが可能な、実効性のある制度デザインが持続されたと結論づける。

以上の国家環境審議会の背景の変遷と制度の推移を整理すると、まず、国際機関によって支持された環境運動の存在に後押しされ、政府内外の環境活動家が協同で環境政策の政治プロセスの民主化を進めてきた。この主要な要素として、政府外アクターの政策決定・実施プロセスへの参加を可能とした参加型制度がある。このような制度は環境運動と繋がりの強い労働者党が政権を取ることによって、国家レベルへと拡大した。しかしながら、影響力の強い環境活動家であるシルヴァが労働者党から緑の党へと移り、環境団体と繋がりの薄いテレシェイラが大臣に就任するとともに、環境省内部における制度改革が行われると、環境省における環境団体の影響力が制限されるようになった。このことから、環境団体と政府の間に対立関係が生まれ、国家環境審議会のテーマ設定に変更が生じた。しかしながら、環境団体がPEC215やベロモンテ水力発電ダムを巡る抗議行動を起こし、環境政策に対する政府への社会的圧力を増加させたことにより、政府と市民社会の対話のツールである審議会の重要性が高まり、参加型制度の制度デザインは維持されたと考えられる。

3　市民社会の戦略と制度デザインの持続

本項では、第1項・第2項で検証した国家政策審議会の二つの事例について比較検証を行う。

これらの二事例は政治的背景の変遷を共通して経験しているものの、その政治的帰結である参加型制度の制度デザインが異なっている。表4にまとめたように、二事例は共通して政治的リーダーの交代と野党の台頭によってもたらされた政治的文脈の変化によって、政府内部における市民社会の影響力が減少していることが確認できる。このような政治的文脈の変遷を受けて、国家都市審議会は制度の実効性を失っているが、環境団体が環境政策に対する政府への社会的圧力を増加させることに成功した国家環境審議会は実効性を維持している。これらの政治的帰結の違いを理解する手がかりとなるのが、市民社会が用いた戦略の違いである。政府から独立した環境団体は環境政策をめぐる問題を政治化することに成功し、マスメディアを通じて人々の注目を集めた。このことにより、図7が示すように、都市改革に関する抗議行動の数が約一〇年間にわたり一定であるのに対し、環境に関する抗議行動は

表4　事例の概要

	変数	指標	都市審議会			環境審議会		
			（1980–2002）	（2003–2005）	（2006–2013）	（1980–2002）	（2003–2005）	（2006–2013）
独立変数	政治的機会構造	政治的リーダーによる誘因	強	強	弱	強	強	弱
		野党の影響力	やや弱	やや弱	やや強	やや弱	やや弱	やや強
	（市民社会による）内部戦略	政府内部における市民社会の影響力	強	強	やや弱	やや強	強	やや弱
	外部戦略	社会的圧力	強	比較的弱	弱	強	比較的弱	強
従属変数	制度の実効性	制度デザイン	—	政策構築型	政策修正型	—	政策構築型	政策構築型
		運営主体	—	官房	国家都市委員会[注1]	—	官房	官房
		参加者	—	N/D	N/D	—	持続的な増加	持続的な増加
		実効性（総括）		高	低		高	高

出所：筆者作成
注1：国家都市委員会は都市省内部における一部局である。このため、都市省官房が管轄する場合に比べ、省内マネジメントにおける影響力が弱いと考える。

図7　抗議行動の件数（2001–2013年）

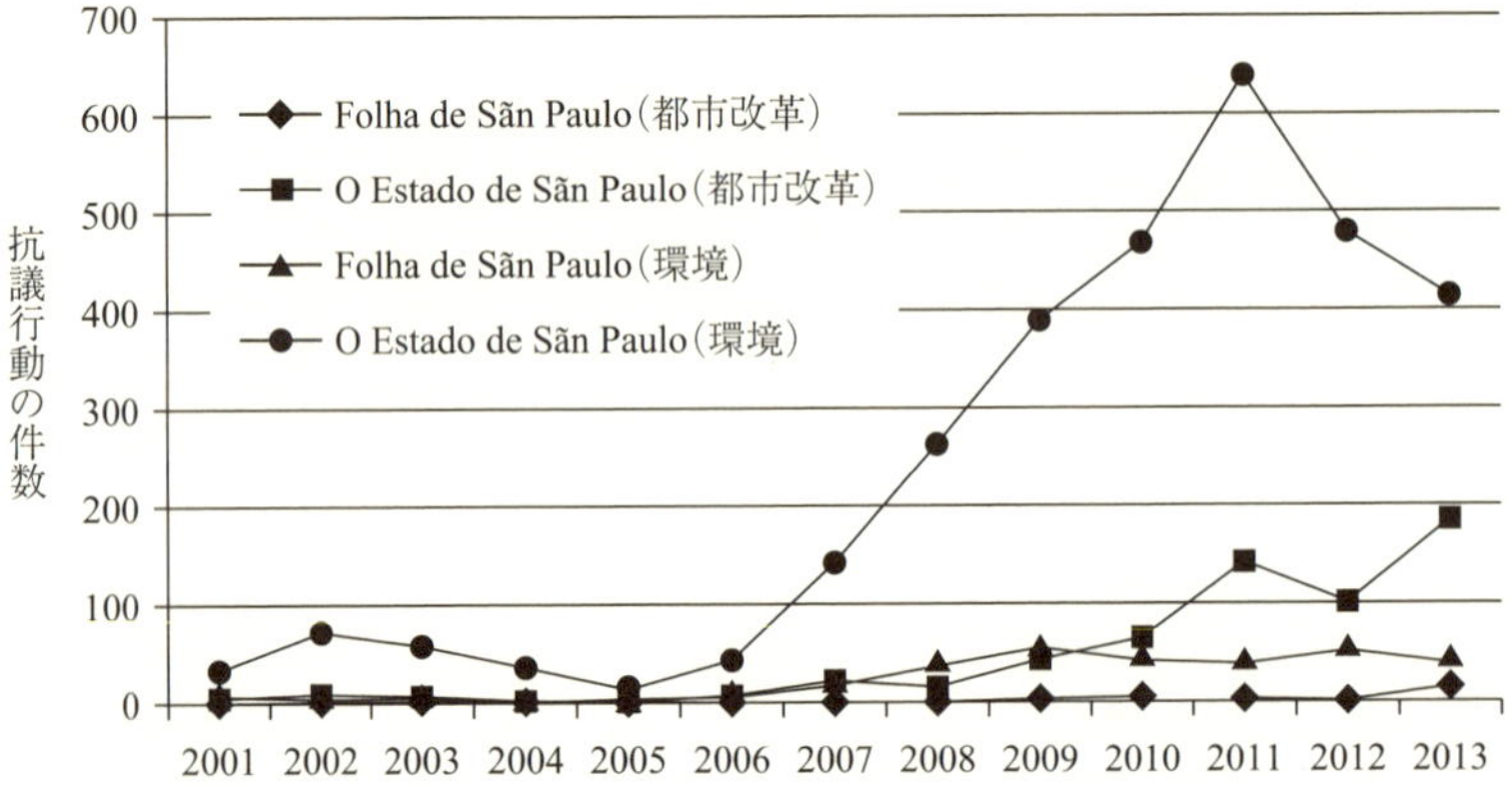

出所：Folha de São Paulo: http://www.folha.uol.com.br/. ［2014年12月3日最終アクセス］及びO Estado de São Paulo: http://www.estadao.com.br/.［2014年12月3日最終アクセス］における新聞記事数より筆者作成。

図8　実効性のある制度が持続するメカニズム

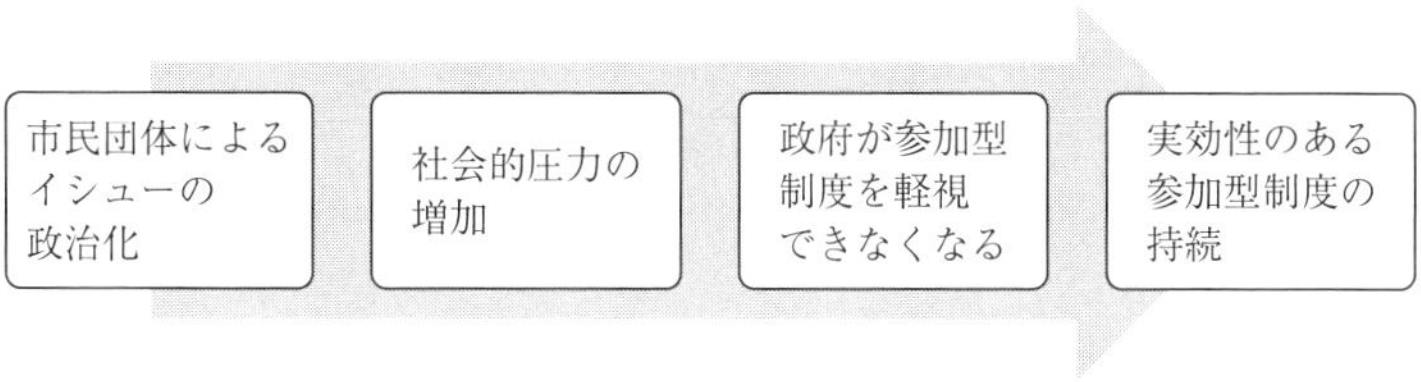

出所：筆者作成

二〇〇七年以降大きく増加している。

これらの社会運動が起こった背景を比較すると、都市改革政策と環境政策は二〇〇五年まで共通する構造を持っている。一九九〇年代から二〇〇三年にかけて、地方自治体レベルにおいて社会運動団体は労働者党と運動による目的を共有していたことから協同関係を築き、内部戦略と外部戦略の両方を用いて広範な政治参加を可能とする制度の発展が進められた。二〇〇三年に労働者党が政権を獲得すると、労働者党と社会運動団体の協同関係は国家レベルに達し、両運動の活動家は政府内部に入ることによって、国家レベルにおける参加型マネジメントの整備を推進した。この時期には、両運動ともに内部戦略を中心的に取っていたと考えられる。しかしながら二〇〇五年以降、大臣の交代と野党勢力の台頭によってそれまで市民社会に対して大きく開かれていた政治的機会が閉じられると、社会運動団体は異なった戦略を用いてこのような政治的文脈の変遷に対処したと言える。都市改革運動に携わる市民社会団体は、内部戦略のみを保持して政府内部の個人的な交渉を発展したのに対し、環境運動に携わる市民社会団体は、数多くの抗議行動を主催することによって外部戦略へと戦略の重点を移行したからである。これらの戦略の効果の違いは参加型制度の実効性として見ることができる。国家都市審議会の制度の実効性は低下したが、国家環境審議会は実効性を維持することに成功しているからである。

国家政策審議会の二事例から参加型制度の実効性が持続するメカニズムは図8のようになる。政府内に存在する活動家の影響力が低下した際、市民社会団体が問題を政治化し、その重要性を社会が認識した場合、抗議行動を通して政府に対する社会的圧力が増加する。

そして、市民と政府の対話のツールである参加型制度の重要性が高まることから、参加型制度の実効性は維持されると考えられる。

おわりに　大規模抗議行動と今後——市民社会の役割

本書では、代表制制度の問題点を補完するためにブラジルにおいて発展した参加型制度の取り組みを概観してきた。多くの新興民主主義国では、根強く残る社会的格差により、代表制制度によって貧困層の利益代表が効果的に行われない構造的問題を共有する。これに対しブラジルにおける参加型制度は、市民が政治プロセスに直接参加するチャネルを獲得したことにより、このような社会構造における問題を補完し、代表制民主主義を強化する可能性を持つガバナンス・システムを示してきたと言える。

しかしながら一方で、これまで観察してきたように、参加型制度の実効性は政治的文脈の変遷によって誘発される制度改革によって推移する。このような構造は特に、新興民主主義国において当てはまる場合が多い。これらの国では市民社会が概して弱く、たとえ一度政府と市民社会の協同関係が発展したとしても、政治的文脈の変化によってその関係性は弱められることが多いからである。本書では、国家レベルの参加型制度である国家政策審議会の事例を比較検証することから、市民社会団体が制度に関連する問題を政治化し、社会の関心を集めることによって社会的圧力を上昇させることに成功した場合、制度の実効性を持続させることが可能であることを示した。特に、国家レベルの政策においてはマスメディアを通じた問題提起がより効果的であることから、広範な市民の関心を集め大規模な抗議行動へと発展させることが可能であったと考えられる。このことから、市民社会団体によってもたらされる社会的圧力は、実効性の高い参加型制度を維持するための鍵となる要因であると結論づける。

実効性の高い参加型制度は、政府の働きに対する市民社会の監視を強めることを通して政治的アカウンタビリティを強化することが可能である。このことから、参加型制度は、参加型プロセスを通して民主主義の深化を促すという意味において重要な役割を果たすのである。ここで、市民社会団体が問題を政治化することが可能なほど強固で、かつ政府から独立的である場合、参加型制度は実効性を維持することが可能であると考えられる。つまり、選挙制度をはじめとする公的な政治制度によって十分な政治参加が得られない新興民主主義国において、市民社会団体に求められる役割は、政治的プロセスにおける新しい参加のチャネルを創設し、さらに維持することによって政治的アカウンタビリティを増加させることであると言える。

二〇一三年に開催されたサッカー・コンフェデレーションズ杯開催を機に、近年ブラジルでは全国規模の抗議行動が継続的に発生している。大規模抗議行動は二〇一四年一一月、公営の石油会社であるペトロブラス社における汚職が明らかになり、大統領をはじめとする与党議員の関与が疑われたことから、大統領の弾劾を求める反政府抗議行動として拡大した。このような世論を受け、国会においてルセフ大統領弾劾の機運が高まったことから、二〇一五年一二月に弾劾委員会が設置され、この結果、二〇一六年四月には下院において、五月には上院において大統領弾劾が承認されたため、ルセフ大統領の一八〇日間の停職とブラジル民主運動党（Partido do Movimento Democratico Brasileiro：ＰＭＤＢ）のミシェル・ミゲル・エリアス・テメル・ルリア（Michel Miguel Elias Temer Lulia）副大統領代行就任が決まった(18)。

このような大規模な抗議行動の発生と社会的混乱は、一九九二年に元大統領のフェルナンド・コロール・デ・メロ（Fernando Collor de Mello）がスキャンダルによって辞任に追い込まれた際以来のことであり、現在ブラジルは、カルドーゾ政権、続く労働者党政権によって達成されてきた社会的・政治的発展の過渡期にあると言えるのである。この間約二〇年に渡り、ブラジルは参加型制度の発展を含め代表制制度の歪みを改善する試みを行ってきた。このような大規模抗議行動の発生は、一方でレベッカ・N・エイブルスが指摘するように、それまでに市民社会と政府の対話を促進させる役割を果たしていた参加型制度の信頼性が失われたことを示すと言える［Abers 2013］。また他方で、社会運動を基盤に持つ政党の主導のもと、市民社会の政治参加が促進され、政治過程の透明化が図られてきたにも関わらず、このような政府による大規模な汚職が起こったことは、参加型制度による監視機能が限定的だったことを示すと考えられる。このように現在、二〇世紀後半以降のブラジルにおける社会的・制度的発展の帰結が見られつつあるのである。

近年、民衆による抗議行動はブラジルに限らず世界各地で発生している。二〇一〇年に中東アラブ地域で始まった「アラブの春」を皮切りに、二〇一一年にリーマン・ショック後の経済停滞が続くアメリカのニューヨークで始まった「ウォール街を占拠せよ」のスローガンを掲げるデモ、学生による国会占拠が起こった台湾等、抗議行動発生の文脈は異なるものの、世界各地で民衆による抗議行動が起こっている。日本においても二〇一三年以降、平和安全法制の成立をめぐり国会前を市民が占拠する大規模デモが発生した。このような世界的潮流として見られる大規模な抗議行動は、代表制民主主義制度による利益代表の仕組みにおける限界の一端を示していると言える。ブラジルにおける参加型制度の導入を含む民主主義への挑戦は、このような代表制民主主義制度が抱える齟齬を乗り越え、民主主義の新しいモデルを示すことができるのだろうか。今後も引き続き注目して観察していく必要がある。

注

（1）ラテンアメリカ諸国では、一方で社会保障政策によるバラマキによって大衆の支持を獲得するとともに、他方で経済的な苦境を新自由主義（ネオリベラリズム）改革によって改善させることを同時に公約として掲げた候補者が、他の伝統的な政党の候補者を圧倒する形で当選した。このような新自由主義を掲げたカリスマティックな扇動によって支持を得たリーダーを、従来のポピュリストと区別してネオ・ポピュリストと呼ぶ。ペルーのアルベルト・フジモリ大統領はその典型例と言える。

（2）本書は、筆者の修士論文（神戸大学大学院二〇一五年三月提出）を日本語に訳して再編したものであり、第三節の事例分析については『ラテンアメリカ論集』第四九号に掲載された筆者の前著に準じる内容である。

（3）データは世界銀行発行の *World Development Indicators* (http://data.worldbank.org/indicator［二〇一六年八月二一日最終アクセス］) より。

（4）ジニ係数とはある社会の所得分配の度合いを示す〇から一の間の指標であり、〇に近い程所得格差が小さく、一に近い程所得格差が大きいとされる。日本のジニ係数は、二〇〇八年において〇・三二である。ジニ係数及び資産の内訳についてのデータは、世界銀行発行の *World Development Indicators* (http://data.worldbank.org/indicator［二〇一六年八月二一日最終アクセス］) より。

（5）ブラジルにおける近年の社会的発展の経緯については田村［二〇〇四］、Schneider［2010］及び 近田［二〇一三］にもとづいて記述を行った。

（6）このような政策は近年、二〇〇〇年代の中国経済に牽引されたコモディティブームによる経済成長に下支えされて、ブラジルにおける新中間層の急上昇をもたらしている。二〇〇〇年代前半まで約六〇％を占めていた貧困層が二〇一一年までに三三％まで減少し、その代わりに国民の約五五％が中間所得層となった［Neri 2011: 33］。

（7）このような文書の中には、国連によって公開された報告書がある［United Nations 1971, 1975］。

（8）ポルトアレグレ市における参加型予算のシステムについてはポルトアレグレ市ホームページ（http://www2.portoalegre.rs.gov.br/op［二〇一六年八月二一日最終アクセス］）及び Abers［2000］、小池［二〇〇四］を参考に記述。

（9）Participação em Foco – IPEA (http://www.ipea.gov.br/participacao/［二〇一六年八月二一日最終アクセス］) より。

（10）国家審議会の手続きに関しては、二〇一三年に開催された第五回国家都市審議会及び第四回国家環境審議会への筆者の参与観察、及び Participação em Foco -IPEA (http://www.ipea.gov.br/participacao［二〇一六年八月二一日最終アクセス］) より記述を行った。

（11）ブラジリアで開催された国家レベルの国家都市審議会における参加者へのインタビュー（二〇一三年一一月二〇—二四日、ブラジリア）より。制度デザインについては、Conselho das Cidades (http://www.cidades.gov.br/index.php/conferencia-das-cidades.［二〇一六年八月二一日最終アクセス］）、Participação em Foco – IPEA（http://www.ipea.gov.br/participacao［二〇一六年八月二一日最終アクセス］）より。

（12）検証にあたり、「抗議行動（Manifestação）」及び「都市改革（Reforma Urbana）」もしくは「環境（Meio Ambiente）」の用語が含まれる新聞記事の数を数えた。

（13）本章の事例分析は、二〇一三年に行われた国家政策審議会（都市審議会・環境審議会）への参与観察、各審議会への参加者、及び運営者へのインタビューにもとづき記述を行ったものである。本節の内容については、筆者の前著に依拠するものである

[Sato 2015b]。

(14) ＦＮＲＵホームページ（http://www.forumreformaurbana.org.br/quem-somos［二〇一四年一二月三日最終アクセス］）より筆者抜粋。

(15) 選挙結果については、高等選挙裁判所ホームページ（http://www.tse.jus.br/eleicoes/eleicoes-anteriores/eleicoes-2006/resultado-da-eleicao-2006［二〇一六年八月二一日最終アクセス］）より。

(16) 国際環境ＮＧＯの公共政策部部長へのインタビュー（二〇一三年一一月一九日、ブラジリア）より。

(17) カタドーレスとは、フィリピン等ではスカベンジャーと呼ばれる、ごみ山でごみの仕分けを行うことを生業とする人々の総称で、ブラジルでは労働者党と繋がりを持つ非常に強い運動である。ＭＮＣＲは二〇〇一年に始まった国レベルの運動であり、現在では世界各地に同様の運動を展開する団体とのネットワークが存在する。ＭＮＣＲの目的は、彼らの運動の将来的な廃棄物処理マネジメントにおける重要性を認識させ、彼らの仕事の生産サイクルや公共政策への重要性を喚起することである。ＭＮＣＲホームページ（http://www.mncr.org.br［二〇一六年八月二一日最終アクセス］）より。

(18) この後、二〇一六年八月三一日に弾劾裁判が成立し、新政権が正式に発足した。

参考文献

ガベンダ、Ｊ
二〇〇八「参加型ガバナンスの実現にむけて――社会変容をもたらす可能性」サミュエル・ヒッキィ、ジャイルズ・モハン編著『変容する参加型開発――「専制」を超えて』真崎克彦監訳、明石書店。

グリューゲル、Ｊ
二〇〇六『グローバル時代の民主化――その光と影』中野修訳、法律文化社。

小池洋一
二〇〇四「ブラジル・ポルトアレグレの参加型予算――グッド・ガバナンスと民主主義の深化」『海外事情』五二（一二）：六八―八〇。

近田亮平編
二〇一三『躍動するブラジル――新しい変容と挑戦』アジア経済研究所。

坂田正三

二〇〇三「参加型開発概念再考」佐藤寛編『参加型開発の再検討』アジア経済研究所。

篠原 一

二〇〇四『市民の政治学——討議デモクラシーとは何か』岩波新書。

田村梨花

二〇〇四「教育開発と社会の変化——格差是正への取り組み」堀坂浩太郎編『ブラジル新時代——変革の軌跡と労働者党政権の挑戦』勁草社。

浜口伸明

二〇〇七「ボルサ・ファミリア——ブラジル・ルーラ政権の貧困対策」『海外事情』五五（一一）：四九—五九。

Abers, Rebecca N.

2000 *Inventing Local Democracy: Grassroots Politics in Brazil.* Boulder: Lynne Reinner.

2013 "Organized Civil Society, Participatory Institutions and the June Protests in Brazil." Available at Mobilizing Idea: http://mobilizingideas.wordpress.com/ [Accessed on August 21, 2016].

Abers, Rebecca N. and Margaret E. Keck.

2009 "Mobilizing the State: The Erratic Partner in Brazil's Participatory Water Policy." *Politics and Society* 37(2): 289-314.

2013 *Practical Authority: Agency and Institutional Change in Brazilian Water Politics.* New York: Oxford University Press.

Abers, Rebecca N., Lizandra Serafim, e Luciana Tatagiba.

2011 "Novas relações Estado-sociedade no governo federal brasileiro. Repertórios de participação em um Estado heterogê-neo." Texto apresentado no 35° Encontro Anual da ANPOCS. Caxambu. Outubro.

Ames, Barry

2001 *The Deadlock of Democracy in Brazil.* Ann Arbor: University of Michigan Press.

Avritzer, Leonardo

2009 *Participatory Institutions in Democratic Brazil.* Baltimore and Washington, D.C.: Johns Hopkins University Press and Woodrow Wilson Center.

Chambers, Robert

1997 *Whose Reality Counts?: Putting the First Last.* London: Intermediate Technology Publications.

Coleman, James S.

1988 "Social Capital in the Creation of Human Capital." *American Journal of Sociology* 94: S95-S120.

Diamond, Larry

1999 *Developing Democracy: Toward Consolidation.* Baltimore: Johns Hopkins University Press.

Folha de São Paulo

2011 "Marina pede moção contra novo Código Florestal." Folha de São Paulo. Novembro 16. Belém. Disponível em http://www1.folha.uol.com.br/ambiente/2011/11/1007631-marina-pede-mocao-contra-novo-codigo-florestal.shtml. [Acesso em 24 de agosto, 2016].

2012 "Colunistas-Marina Silva-Mimetismos." Folha de São Paulo. Setembro 20. Disponível em http://www1.folha.uol.com.br/colunas/marinasilva/2013/09/1344688-mimetismos.shtml [Accesso em 21 de agosto, 2016].

Goldfrank, Benjamin

2011 *Deepening Local Democracy in Latin America: Participation, Decentralization, and the Left.* University Park: The Pennsylvania State University Press.

Hochstetler, Kathryn

2012 "Social Movements in Latin America." In Peter Kingstone and Deborah J. Yashar eds., *Routledge Handbook of Latin American Politics.* New York: Routledge.

Hochstetler, Kathryn and Margaret E. Keck

2007 *Greening Brazil: Environmental Activism in State and Society.* Durham: Duke University Press.

Huber, Evelyne

2009 "Including the Middle Classes? Latin American Social Policies after the Washington Consensus." In Monique Kremer, Peter Van Lieshout, and Robert Went eds., *Doing Good or Doing Better: Development Policies in a Globalizing World.* Amsterdam: Amsterdam University Press.

Hunter, Wendy

2010 *The Transformation of the Workers' Party in Brazil, 1989-2009.* Cambridge: Cambridge University Press.

Huntington, Samuel P.

1991 *The Third Wave: Democratization in the Late Twentieth Century.* Norman and London: University of Oklahoma Press.

Inglehart, Rorald

1997 *The Silent Revolution: Chonging Values and Political Style among Western Publics.* Princeton: Princeton University Press.

Levine, Peter, Archon Fung, and John Gastil

2005 "Future Directions for Public Deliberation." In John Gastil and Levine Peter eds., *The Deliberative Democracy Handbook: Strategies for Effective Civic Engagement in the 21st Century.* San Francisco: Jossey-Bass.

Lowndes, Vivien, Lawrence Pratchett, and Gerry Stoker

2006 "Diagnosing and Remedying the Failings of Official Participation Schemes: the CLEAR framework." *Social Policy and Society* 5 (2): 281-291.

Mahoney, James, and Kathleen A. Thelen

2009 *Explaining Institutional Change: Ambiguity, Agency, and Power.* New York: Cambridge Uni-versity Press.

Mainwaring, Scott

1997 "Multipartism, Robust Federalism, and Presidentialism in Brazil." In Scott Mainwaring and Matthew Shugar eds., *Presidentialism and Democracy in Latin America.* New York: Cambridge University Press.

2006 "The Crisis of Representation in the Andes." *Journal of Democracy* 17(3): 13-27.

McCarthy, John D., and Mayer N. Zald

1977 "Resource Mobilization and Social Movements: A Partial Theory." *American Journal of Sociology* 82 (6): 1212-1241.

Neri, Marcelo C.

2011 *Os emergentes dos emergentes: reflexões globais e ações locais para a nova classe média brasileira.* Rio de Janeiro: Centro de Políticas Sociais, Fundação Getulio Vargas.

O'Donnell, Guillermo

1996 "Illusions About Consolidation." *Journal of Democracy* 7(2): 34-51.

1998 "Horizontal Accountability in New Democracies." *Journal of Democracy* 9(3): 112-126.

Oxhorn, Philip

2003 "Social Inequality, Civil Society, and the Limits of Citizenship in Latin America." In Susan Eva Eckstein and Timothy P. Wickham-Crowley eds., *What Justice? Whose Justice?: Fighting for Fairness in Latin America.* Berkeley: University of California Press.

Peruzzotti, Enrique, and Catalina Smulovitz eds.

2006 *Enforcing the Rule of Law: Social Accountability in the New Latin American Democracies.* Pittsburgh: University of Pittsburgh Press.

Petinelli, Viviane

2013 "Contexto político, natureza da política, organização da sociedade civil e desenho institucional: alguns condicionantes da efetividade das conferências nacionais." Em Leonardo Avritzer e Clóvis Henrique Leite de Souza orgs., *Conferências Nacionais: atores, dinâmicas participativas e efetividade.* Brasília: IPEA.

Pogrebinshi, Thamy

2012 "Participation as Representation: Democratic Policymaking in Brazil, In Maxwell A. Cameron, Eric Hershberg, and Kemeth E. Sharpe eds., *New Institutions for Participatory Democracy in Latin America," Voice and Consequence.* New York: Dalgrave Macmillan.

Pogrebinschi, Thamy, and David Samuels

2014 "The Impact of Participatory Democracy: Evidence from Brazil's National Public Policy Conference." *Comparative Politics* 46(3):313-332.

Putnam, Robert D.

1994 *Making Democracy Work: Civic Traditions in Modern Italy.* Princeton: Princeton University Press.

Roberts, Kenneth M.

2002 "Social Inequalities without Class Cleavages in Latin America's Neoliberal Era." *Studies in Comparative Intentional Development* 36 (4): 3-33.

Saad-Filho, Alfredo

2013 "Mass Protests under 'Left Neoliberalism': Brazil, June-July 2013." *Critical Sociology* 39(5): 657-669.

Sato, Yuko

2015a *Determinants of Successful Participatory Institutions in Brazil.* Master's thesis. Kobe University.

2015b "Determinants of Successful Participatory Institutions in Brazil. " *Journal of the Japan Society of Social Science on Latin America* 49: 39-60.

Schneider, Ronald M.

2010 *Comparative Latin American Politics*. Boulder: Westview Press.

Serafim, Lizandra

2013 *Participação no governo Lula: as pautas da reforma urbana no Ministério das Cidades (2003-2010)*. Ph.D thesis, Universidade Estadual de Campinas.

Snow, David A., E. Burke Rochford, Jr., Steven K. Worden, and Robert D. Benford

1986 "Frame Alignment Processes, Micromobilization, and Movement Participation." *American Sociological Review* 51 (4): 464-481.

Tarrow, Sidney

1998 *Power in Movement: Social Movements, Collective Action and Politics*. Cambridge: Cambridge University Press.

United Nations

1971 *Popular Participation in Development*. New York: Author.

1975 *Popular Participation in Decision Making for Development*. New York: Author.

略語表記一覧

CMP (Central de Movimentos Populares)	大衆運動本部
CNC (Conferência Nacional das Cidades)	国家都市審議会
CNMA (Conferência Nacional do Meio Ambiente)	国家環境審議会
CON (Comissão Organizadora Nacional)	国家審議運営委員会
CONAM (Confederação Nacional das Associações de Moradores)	全国住民連合
CONAMA (Conselho Nacional do Meio Ambiente)	国家環境委員会
ConCidade (Conselho Nacional das Cidades)	国家都市委員会
COP (Conselho do Orçamento Participativo)	参加型予算審議会
FBOMS (Fórum Brasileiro de ONGs e Movimentos Sociais para o Meio Ambiente e o Desenvolvimento)	環境と開発のための社会運動とNGOによるブラジルフォーラム
FNHIS (Fundo Nacional de Habitação de Interesse Social)	公営住宅国家基金
FNRU (Fórum Nacional de Reforma Urbana)	都市改革のための国家フォーラム
IMF (International Monetary Fund)	国際通貨基金
IPEA (Instituto de Pesquisa Econômica Aplicada)	応用経済研究所
MNCM (Movimento Nacional dos Catadores de Materiais Recicláveis)	全国カタドーレス運動
MNLM (Movimento Nacional de Luta pela Moradia)	全国住居闘争運動
MNRU (Movimento Nacional de Reforma Urbana)	全国都市改革運動
PEC215 (Proposta de Emenda à Constituição Nº 215)	憲法修正案第二一五号
PMDB (Partido do Movimento Democratico Brasleiro)	ブラジル民主運動党
PP (Partido Progressista)	進歩党
PSD (Partido Social Democrata)	社会民主党
PSDB (Partido da Social Democracia Brasileira)	ブラジル社会民主党
PT (Partido dos Trabalhadores)	労働者党
PTB (Partido Trabalhista Brasileiro)	ブラジル労働党
PV (Partido Verde)	緑の党
RMA (Rede de ONGs da Mata Atlântica)	マタ大西洋 NGO ネットワーク
SEMA (Secretaria Especial do Meio Ambiente)	環境局
SISNAMA (Sistema Nacional do Meio Ambiente)	国家環境システム
SNDU (Sistema Nacional de Desenvolvimento Urbano)	都市開発のための国家システム
UNMP (União Nacional por Moradia Popular)	全国大衆住居連盟

あとがき

私がブラジル・ブラジリアに滞在したのは、約20年ぶりに全国規模のデモが発生した2013年であった。サンパウロで起こったバスの賃上げに反対するデモに対して警察による強硬な鎮圧が行われたことがマスコミによって報道されると、全国200都市で民衆の大規模なデモが一斉に沸き上がったのである。私が在籍していたブラジリア大学では、連日の授業で現在のブラジル政治に関する議論が行われ、放課後には学生たちが誘いあってデモに出かけていった。当時17歳であったルームメイトが、「ブラジルの一市民として、声を挙げるのは当然だ」と言って道に出ていく様子は、非常に感慨深いものだった。

さらに滞在中、環境審議会に参加した際に親しくなった先住民族・ジュルナ族の方の村へ2週間滞在させてもらう機会を得た。ジュルナ族は、パラ州アルタミラ市に流れるシングー川流域に住む民族であり、本書の中でも紹介したベルモンテ水力発電所の建設に強く反対してデモを繰り返し行っていた。「今まで通り生きていく」、ということが彼らにとって挑戦であり、闘いであったのである。

ブラジルでの滞在中、このような利害関係の衝突、特に国家と市民の争いを何度となく目のあたりにした。「政治学」という学問分野に足を踏み入れて2年目の大学院生であった私にとって、ある時は市民側の、ある時は政府側で働く人々の言葉に耳を傾け、時に議論するこの時間が、どんな教科書よりも生きた学びであった。

研究者の入口に立ったばかりの時点で、このような貴重な経験をすることができたばかりか、ブックレットという形にその成果を残すことができたことを、松下幸之助財団並びに風響社の皆さまに心より感謝する。今後の研究活動を進める中で、今回の調査の中で生まれた新たな問題意識と向き合い、学問分野におけるさらなる貢献をして行きたいと考える次第である。

最後に、本書の研究を進めるにあたり神戸大学在学中にご指導くださった早稲田大学の高橋百合子先生、神戸大学の松並潤先生、原稿に丁寧なコメントをくださった神田外語大学の舛方周一郎先生、本調査にあたり惜しみない協力をくださったブラジリア大学、政府関係者、市民団体の皆さまに感謝を申し上げ、結びとする。

著者紹介

佐藤祐子（さとう　ゆうこ）
1988年、大阪府生まれ。
神戸大学大学院国際協力研究科　修士課程修了（政治学修士）。
現在、ミズーリ大学コロンビア校政治学部 Ph.D. プログラムに在籍。
主な論文に“Determinants of Successful Participatory Institutions in Brazil.”
（『ラテン・アメリカ論集』第49号）などがある。

ブラジル民主主義の挑戦　参加型制度の実践と社会変容

2016年10月15日　印刷
2016年10月25日　発行

著　者　佐藤　祐子

発行者　石井　雅
発行所　株式会社　風響社

東京都北区田端4-14-9（〒114-0014）
TEL 03（3828）9249　振替 00110-0-553554
印刷　モリモト印刷

ISBN987-4-89489-792-2　C0031